MICHAEL MARY

WO BIST DU UND WENN NICHT, WIESO?

Wie Sie den passenden Partner finden, ohne ihn zu suchen.

INHALT

VORWORT 6

Die Kunst, ein Single zu bleiben   8

PHASE 1: SYMPATHISCH ODER NICHT? 10

PHASE 2: KONTAKT AUFNEHMEN 12

    JETZT WIRD GETESTET 12

    ES SOLL FUNKEN UND ES MUSS PASSEN 13

    WIE MAN FUNKEN ERSTICKT UND FEUER LÖSCHT 19

    DAS SCHNELLGERICHT 21

PHASE 3: ES BAHNT SICH ETWAS AN 24

    DIE INNERE CHECKLISTE 26

IM ZEITRAFFER 29

Der Single als Fallensteller   30

EGO-FALLE 1: SUCHE PARTNER, DER ZU MIR PASST! 32

    SETZT MICH IN DEN MITTELPUNKT! 32

    SCHAU, DASS ES MIR GUT GEHT! 36

    WIE WIRKE ICH? 40

EGO-FALLE 2: SUCHE PARTNER, DEM ICH PASSE! 44

    IN DER WARTESCHLEIFE 46

    WIE WIRKE ICH? 50

DIE WIRKUNG VON VERHALTEN 54

    ALS EINE FIGUR AUFTRETEN 55

    FIGUREN PROVOZIEREN REAKTIONEN 56

WEITERE EGO-FALLEN 57

SUCHE PARTNER, DER AUF MICH GEWARTET HAT 57

SUCHE PARTNER, DER MICH AUF HÄNDEN TRÄGT 59

SUCHE PARTNER, DER MICH NICHT ENTTÄUSCHT 60

SUCHE PARTNER, DER MICH ANNIMMT 63

SUCHE LEIDENSCHAFTLICHEN PARTNER, DER MICH ENTLASTET 65

ENDSTATION SEHNSUCHT 67

EINE LÖSUNG TAUCHT AUF 68

IM ZEITRAFFER 69

Den Beziehungstrick anwenden 70

WIE PASSUNG ENTSTEHT 71

DIE GNADE DER BLINDHEIT 72

STARKE EMOTIONALE BINDUNG 73

DER EINDRUCK VON PASSUNG 74

GENÜGEND BINDUNG ENTWICKELN 75

WIE SICH ALLES ÄNDERT 76

IN KONTAKT BLEIBEN 76

EINE BEZIEHUNG HERSTELLEN 77

EGO-FALLEN ABBAUEN 81

WANN IST MAN IN BEZIEHUNG, WANN NICHT? 84

AUF SICH SELBST REAGIEREN 85

AUF DEN PARTNER REAGIEREN 90

INTELLIGENTE DUMMHEIT – WIE MAN IN BEZIEHUNG BLEIBT 92

LANGSAM UND NEUGIERIG 93

STAUNEN UND WUNDERN 95

INHALT

KLEINE EXKURSION ZU DEN KLIPPEN DER KOMMUNIKATION 97

DIE ERSTE KLIPPE: WAS SAGE ICH? 97

DIE ZWEITE KLIPPE: WIE SAGE ICH ES? 98

DIE DRITTE KLIPPE: WORAUF ANTWORTE ICH? 99

IM ZEITRAFFER 101

Üben Sie, in Beziehung zu sein!   102

SCHLUSS MIT DER PARTNERSUCHE! 103

SUCHEN SIE BEGEGNUNGEN! 104

EXPERIMENTIEREN SIE ZWANGLOS! 105

WUNDE PUNKTE FINDEN 107

MACHEN SIE DEN WUNDE-PUNKTE-TEST! 109

MIT DEM WUNDE-PUNKTE-WISSEN IN EINE BEGEGNUNG GEHEN 111

ENTWERFEN SIE VERSCHIEDENE DEUTUNGEN 112

DENKEN SIE SICH UNTERSCHIEDLICHE REAKTIONEN AUS 116

FANTASIEVOLLE GEDANKENSPIELE 116

ALTERNATIVE MÖGLICHKEITEN 118

TREFFEN SIE UNTERSCHIEDLICHE VORAUSSAGEN 120

SCHLIESSEN SIE OFFENE BEGEGNUNGEN AB 123

DEN WEG FREI MACHEN 125

IM ZEITRAFFER 125

Die Kunst, ein Partner zu werden   126

ANREGUNGEN FÜR DIE SYMPATHIEPHASE 127

KONTAKTAUFNAHME FÜR SCHÜCHTERNE 127

KONTAKTAUFNAHME FÜR ENTSCHLOSSENE 130

HERAUSFORDERUNG 1: NEUGIERIG UND EHRLICH SEIN 130

HERAUSFORDERUNG 2: FÜR GUTE BEGEGNUNGEN SORGEN 132

HERAUSFORDERUNG 3: ZIELLOSE BEGEGNUNGEN HABEN 137

HERAUSFORDERUNG 4: EINDRÜCKE AUSTAUSCHEN 139

ANREGUNGEN FÜR DIE KONTAKTPHASE 144

DIE HERAUSFORDERUNG: SORGEN SIE FÜR INTERESSANTE

ERFAHRUNGEN! 145

BEREITEN SIE SICH AUF KONTAKTE VOR! 151

ANREGUNGEN FÜR DIE ANBAHNUNGSPHASE 157

EINE BEWUSSTE ENTSCHEIDUNG? 159

LASSEN SIE DIE DINGE GESCHEHEN! 161

BRINGEN SIE SICH EIN – OFFENBAREN SIE SICH! 167

WUNDERN SIE SICH WEITERHIN UND TAUSCHEN SIE SICH AUS! 171

STAUNEN SIE WEITERHIN UND BLEIBEN SIE DUMM GENUG! 174

WENN EINE BEZIEHUNG ANGEFANGEN HAT 178

VORSICHT BEI HARMONIE UND KOMPROMISSEN! 178

LIEBE IST NICHT VERHANDELBAR 181

VON HERZEN SCHENKEN 182

SELBSTOFFENBARUNG ALS BEZIEHUNGSAUSLÖSER 182

VERLETZUNGEN GEHÖREN DAZU 185

WENN DER HAUSSEGEN SCHIEF HÄNGT 186

IM ZEITRAFFER 188

NACHWORT 190

ZUM NACHSCHLAGEN 191

IMPRESSUM 192

VORWORT

Nachdem ich wiederholt öffentlich die These vertrat, ein dauerhaftes Single-Dasein verdanke sich keineswegs dem Zufall, sondern sei von den Betroffenen selbst herbeigeführt, brandete unter Lesern und in Internetforen eine angeregte Diskussion auf. Bei allen Protesten leuchtete meine provokative These aber auch vielen Betroffenen ein, und meine Beratungspraxis erhielt fortan regen Single-Zulauf. Kamen bisher vorwiegend Paare, um ihre Beziehung zu verbessern oder zu retten, wollten jetzt auch zahlreiche Alleinstehende für sich herausfinden, »warum es nicht klappte« – oder andersherum: wie sie ihr Single-Dasein selbst herbeiführten und Beziehungen erfolgreich verhinderten.

Tun Singles das tatsächlich? Aber ja, auch wenn sie es natürlich unabsichtlich tun! Das einzusehen, fällt nicht unbedingt leicht. Wer ein Problem mit seinem Partner hat, der weiß zumindest, dass er diesen gewählt hat und niemand anderen verantwortlich dafür machen kann, gerade diesen Partner zu haben und keinen anderen. Bei Singles verhält es sich ebenso. Auch der Single wählt. Er wählt allerdings nicht aus, sondern ab. Er wählt »diesen nicht« und »jenen nicht« und »den schon gar nicht«. Er wählt sein Alleinsein. Die Frage, wie man es schafft, lange Zeit erfolgreich Single zu bleiben, lässt sich also leicht beantworten: indem man potenzielle Partner konsequent und dauerhaft aussortiert.

Eines muss ich hinsichtlich solcher Aussagen klarstellen: Ich bewerte dieses Vorgehen nicht, aber ich will bei den Fakten bleiben. Niemand wird gezwungen, Single zu sein. Dass dennoch Millionen Frauen und Männer diese Lebensform praktizieren, sollte nicht diffuses Mitleid hervorrufen, sondern aufrichtige Neugier wecken. Wie macht man das eigentlich? Wie bleibt man trotz Sehnsucht nach einem Partner allein? Wie ist es möglich, trotz intensiver Suche und häufiger Kontakte zum anderen Geschlecht einfach keinen Partner zu finden?

Kann denn Single Zufall sein? Nun, um Zufall handelt es sich bei dieser Lebenslage auf Dauer sicherlich nicht. Auch die bequeme Überzeugung, da draußen liefen Millionen »falsche« Partner herum, hilft niemandem weiter. Denn wenn diese Behauptung stimmen würde, wäre jede Partnersuche sinnlos und man könnte sie einstellen. Nein, man kann es drehen und wenden, wie man will: Der Single hat seine Finger im Spiel, wenn er keinen Partner findet. Aber genau darin liegt eine große Chance. Denn wenn der Single herausfindet, wie er sein Alleinbleiben aufrechterhält, was er selbst dazu tut, um Single zu bleiben, kann er dieses Verhalten ändern und zugunsten eines anderen Auftretens aufgeben – und schließlich sogar eine Beziehung eingehen.

In dieser Hinsicht bin ich durchaus optimistisch. Denn Singles, die in meine Beratung kommen, gewinnen wichtige Erkenntnisse, geben wesentliche ihrer scheinbar wahren Ansichten über den »richtigen« Partner auf und ersetzen selbstbezogenes Verhalten durch ein sinnvolleres, weil auf andere bezogenes Verhalten. Sie folgen dabei einer fundamentalen Erkenntnis: Wer eine Beziehung will, muss sich beziehen! Solche Effekte wünsche ich auch den Leserinnen und Lesern dieses Buches!

Ihr Michael Mary

Die Kunst,
ein Single zu bleiben

Die Kunst, **ein Single zu bleiben**

Verzichten Sie auf falsches Mitleid mit Singles! Single zu sein ist kein Makel und nicht automatisch von Nachteil. Ganz im Gegenteil: Es können sich auch erhebliche Vorteile mit diesem Zustand verbinden. In bestimmten Lebensphasen kann es angebracht sein, allein zu leben, etwa wenn man eine Trennung verarbeitet. Oder wenn man bestimmte Lebensziele verwirklichen möchte, für die sich bisher kein Partner fand.

Beziehungen sind ja nicht an sich erstrebenswert, und niemand ist nur deshalb glücklich, weil er eine Beziehung hat, auch wenn sich dieses Vorurteil hartnäckig hält. Je nach ihrer Qualität können Beziehungen auch Leid verursachen. So mancher Single hat dem, der aus Angst vor dem Alleinsein in einer fragwürdigen Beziehung verharrt, einiges voraus. Singles haben auch keine kürzere Lebenserwartung als in Beziehung lebende Personen. Seit das Alleinleben gesellschaftlich akzeptiert und nicht mehr stigmatisiert wird, seit nicht mehr mit dem Finger auf Alleinlebende gezeigt wird, gleicht sich die Lebenserwartung der beiden Gruppen an. Und schließlich gibt es keinen sozialen und ökonomischen Zwang mehr, eine Ehe vorzuweisen. Auch Singles finden heutzutage Wohnungen und Arbeitsplätze und können für ihr materielles Überleben sorgen. Aus solchen und anderen Gründen ist das Single-Dasein heute eine verbreitete Lebensform, in der sich viele Menschen vorübergehend eingerichtet haben oder in der sie sich dauerhaft wohlfühlen.

Doch zweifellos suchen viele Singles einen Partner, einen Lebensgefährten, eine verlässliche Beziehung und eine dauerhafte Liebe. Nur – wo liegt eigentlich das Problem? Potenzielle Partner sind reichlich vorhanden. In Ballungsräumen ist die Hälfte der Erwachsenen alleinstehend. In einer Stadt wie Hamburg betrifft das Hunderttausende Männer und Frauen. Es gibt keinen nachvollziehbaren Grund, warum unter so vielen potenziellen Partnern nicht ein einziger passender dabei sein sollte. Die leichtfertige Beschwörung des angeblich so seltenen »Richtigen« kann keine ernsthafte und schon gar keine weiterführende Erklärung für das Phänomen bieten. Bevor es also darum geht, wie Singles einen Partner finden, muss erst einmal geklärt werden, warum selbst intensiv suchende Singles allein bleiben.

Diese Frage lässt sich vorab knapp beantworten: Sie beherrschen die Kunst des Aussortierens. Potenzielle Partner durchleben mehrere Phasen, bis es zu einer Beziehung kommt. In jeder dieser Phasen bieten sich Gelegenheiten auszusortieren. Dauerhafte Singles machen davon ausgiebig Gebrauch. Sie stellen einander vor Schnellgerichte, schlagen Funken aus, löschen Feuer, stellen Ego-Fallen auf und sorgen dafür, dass sie nicht zueinander passen. Es wundert also nicht, dass sie schließlich auf der Endstation Sehnsucht landen. Aber eins nach dem anderen! Schauen wir uns die erste Phase auf dem Weg zu einer Beziehung an, die Sympathiephase.

PHASE 1: SYMPATHISCH ODER NICHT?

Damit zwei zu einer Beziehung gelangen, müssen sie zuallererst aufeinandertreffen. Zwar haben die wenigsten dauerhaft suchenden Singles Probleme, Kontakte zu knüpfen, und nur manche sind zu schüchtern, um ihre Sympathie offen zu zeigen. Diese bleiben womöglich allein, weil sie sich nicht trauen, Risiken einzugehen, sondern lieber auf der sicheren Seite verharren, indem sie Desinteresse signalisieren – obwohl das ihrer Sehnsucht widerspricht. Doch den meisten gelingt es schließlich auch, Kontakt herzustellen. In der Arbeitswelt, bei der Ausübung von Freizeitinteressen und zunehmend über das Internet lernen sie zahlreiche potenzielle Partner kennen. Dieses große Angebot macht es nötig, verlockende von uninteres

Phase 1: **Sympathisch oder nicht?**

santen Kontakten zu trennen. Dies geschieht im unmittelbaren Austausch, also durch Gespräch, SMS- und Telefonkontakt oder durch E-Mail-Austausch. In diesen relativ flüchtigen ersten Begegnungen stellt sich recht bald heraus, ob sich zwei sympathisch finden und in der Folge neugierig aufeinander werden. Ist er interessiert, geht der Single auf den anderen zu. Unsympathischen oder uninteressanten Menschen teilt er das mit, indem er ihren Blicken ausweicht, sie ignoriert, sich von ihnen abwendet oder sie durch Bemerkungen oder Gesten wegstößt. Damit sind sie aussortiert.

Schon jetzt findet also ein Aussortieren statt. Diese Wahl ist aber meist unbewusst motiviert. Das Auswahlkriterium ist Sympathie, ein Gefühl, das ohne tiefenpsychologische Analyse kaum näher begründet werden kann. Angesichts des Überangebots an potenziellen Partnern lohnt es den Aufwand ohnehin nicht, den es bräuchte, um herauszufinden, warum man jemanden interessant findet oder warum er einen kalt lässt.

In dieser ersten Phase »klingelt es« oder »es klingelt nicht«. Wenn es nicht klingelt, war es das. Der suchende Single folgt seinem Gefühl, und daraus mag man ihm keinen Vorwurf machen. Schließlich sollte schon ein Mindestmaß an Sympathie und eine aufkeimende Neugier auf mehr vorhanden sein, um miteinander in die zweite Phase auf dem Weg zu einer Beziehung zu gehen. Wenn es nicht »klingelt«, macht es wenig Sinn, nach den Gründen dafür zu suchen. Deshalb will ich mich für die Sympathiephase nicht weiter bei der Frage aufhalten, wie das Aussortieren stattfindet. Die Ablehnung ist schlicht durch Gleichgültigkeit oder Abneigung begründet und an neuen Kontakten besteht meist kein Mangel. Sehr viel bedeutender sind die beiden folgenden Phasen, die Kontaktphase und die Anbahnungsphase. Dort werden Funken erstickt, Feuer gelöscht und es wird verhindert, dass es »passt«.

PHASE 2: KONTAKT AUFNEHMEN

Hat es geklingelt, entsteht der Wunsch nach mehr. Nach mehr Nähe und wiederholtem Kontakt. Die potenziellen Partner treten in die zweite Phase auf dem Weg zu einer Beziehung ein, in die Kontaktphase. Man trifft sich, man spricht miteinander, man fragt sich gegenseitig aus, man schaut sich länger in die Augen oder berührt sich wie zufällig. Vielleicht fassen sich beide sogar schon an oder verbringen eine erste Nacht miteinander.

In dieser Phase geschieht eine ganze Menge. Die potenziellen Partner erfahren einige Lebenseinstellungen und Ansichten, vergleichen den sozialen Status und die finanzielle Situation, erfahren etwas aus der Lebensgeschichte des anderen. Sie nehmen seinen Geruch wahr und hören den Klang seiner Stimme und anderes mehr. In dieser größeren Nähe lassen sie die Erscheinung des anderen bewusst und zu großen Teilen unbewusst auf sich wirken. Die Nähe, die ausgetauschten Informationen und die körperlichen Kontakte dienen einem Test. Beide Seiten testen, was zwischen ihnen entsteht. Das kann beispielsweise eine erotische Spannung sein oder eine grundsätzliche Übereinstimmung in geistiger Hinsicht oder in der Interessenlage.

Jetzt wird getestet

Wenn alles gut geht, festigt sich in der Kontaktphase das Interesse füreinander, ohne dass sich bereits stark bindende Gefühle einstellen. Das wäre nur der Fall, wenn auf beiden Seiten der Blitz einschlägt. Dann hätten die Partner die Kontakt- und oft auch die folgende Anbahnungsphase quasi übersprungen und würden gleich in einer Beziehung landen. So etwas passiert natürlich, aber eher jungen Menschen. Der dauerhaft suchende Single ist meist zurückhaltend und vorsichtig, er nutzt die Kontaktphase zu Testzwecken.

Kommt sein Test zu einem negativen Ergebnis, wird der potenzielle Partner ohne großes Aufhebens aussortiert. Es besteht aber ein Unterschied zum Aussortieren in der ersten Phase. Jetzt verlieren suchende Singles nämlich ihre Unschuld. Ich meine damit, dass sie mit dem absichtlichen und vorsätzlichen Aussortieren beginnen. In der Sympathiephase folgen sie schlicht einem unerklärlichen Gefühl, jetzt hingegen können sie ihre Entscheidung begründen und Auskunft darüber geben, was ihnen am anderen missfällt und weswegen sie ihn als potenziellen Partner ablehnen. Denn sie haben ausführlich getestet, was miteinander möglich zu sein scheint. Ein solcher Test macht natürlich nur vor dem Hintergrund von Erwartungen Sinn. Niemand kann erwartungsfrei suchen, und daher sind Erwartungen unverzichtbar, sie treiben den Single durch Hoffnungen und Wünsche, Bedürfnisse und Sehnsüchte zu seiner Suche an.

Es soll funken und es muss passen

Welche Erwartungen sollen in der Kontaktphase erfüllt werden? Wer sich eingehend mit suchenden Singles unterhält, bemerkt schnell, dass sie zwei grundlegende Erwartungen an einen potenziellen Partner stellen. Zum einen soll es zwischen beiden »funken« und zum anderen muss es »passen«. »Was sonst?«, möchte man ausrufen, »Das ist doch selbstverständlich!« Allerdings nur auf den ersten Blick. Denn diese beiden Erwartungen sind recht unterschiedlicher, beinahe gegensätzlicher Natur. Und sie erfüllen sich nicht so selbstverständlich, wie es erwartet wird.

Wann es »funkt«

Funken springen zwischen Stoffen über, die unterschiedliche elektrische Ladungen aufweisen. Dieses physikalische Gesetz gilt auch in der Liebe – allerdings nur für die leidenschaftliche Liebe. Diese ist eine Liebesform neben der freundschaftlichen und partnerschaftlichen Liebe, die in Beziehungen vorkommen.

Partner können sich aus unterschiedlichen Gründen lieben. Etwa weil sie in freundschaftlicher Hinsicht geistige oder andere Interessen miteinander teilen und sich Gutes tun. Oder weil sie sich in partnerschaftlicher Hinsicht, beispielsweise bezüglich der Arbeit oder Familie oder anderer Lebensprojekte, besonders gut unterstützen. Die freundschaftliche und partnerschaftliche Liebe ergeben sich in der Regel aber erst, nachdem die Partner eine Weile zusammen sind. Die heute zumeist am Anfang einer Beziehung stehende Liebesform ist die leidenschaftliche Liebe.

Faszination und Anziehung

Mit der Metapher des »Funken« wird diese leidenschaftliche, tief emotionale und erotische Spannung zwischen Partnern beschrieben. Der andere fasziniert und wirkt anziehend wie ein Magnet. Auch Magneten ziehen sich dort an, wo sie unterschiedliche Ladungen aufweisen, am Plus- und Minuspol.

Partner beschreiben diese Anziehung etwa folgendermaßen: »Er riecht so gut« oder »Ich bin von ihrer Zartheit hin und weg« oder »Seine Art zieht mich unwiderstehlich an«. Warum riecht er so gut? Weil er anders riecht als man selbst. Warum fasziniert ihn ihre Zartheit so stark? Weil er eher grob und handfest und sie ganz anders ist. Was ist an seiner Art derart unwiderstehlich? Es ist auch hier die Andersartigkeit, mit der man durch den Partner in Kontakt kommt.

Andersartigkeit wirkt faszinierend, weil man sich von ihr etwas verspricht. Man verspricht sich von der Nähe zum anderen beispielsweise Intensität, Bereicherung, Ergänzung, Erotik, Bestätigung, Zärtlichkeit, Liebe … Dieses sich selbst gemachte Versprechen macht sich im Verlangen nach dem Partner bemerkbar.

Phase 2: **Kontakt aufnehmen**

Andersartigkeit bedeutet auf psychischer und emotionaler Ebene Distanz, und das Verlangen nach dem Partner will diesen Abstand überwinden. Wenn sich die Partner einander nähern, knistert es, es fliegen Funken oder ein Feuer wird entfacht. Dieser Vorgang wird als erotisch – weil grenzüberschreitend – empfunden, man fühlt sich darin lebendig und erfährt, wenn es gut läuft, die Erfüllung des Verlangens. Der erotische Höhepunkt liegt dann vielleicht in einer sexuellen Begegnung und dem ersehnten Gefühl, miteinander zu verschmelzen.

Damit es derart funken und das Feuer der Leidenschaft auflodern kann, muss also eine unabdingbare Voraussetzung erfüllt sein: Die Partner müssen einander bewusst oder unbewusst als recht verschiedenartig erleben. Treffen zwei Partner aufeinander, die sich auf Anhieb ähnlich zu sein scheinen und die kaum Unterschiede aneinander wahrnehmen, bleibt die erotische Faszination aus. Es fliegen keine Funken, es springt nichts über und nichts flackert auf. Schon gar nicht schlägt ein Blitz ein. Die heiße, die leidenschaftliche Liebe bleibt ganz einfach aus. Der Volksmund beschreibt die Voraussetzungen des Funkenflugs und Feuerfangens mit den Worten »Gegensätze ziehen sich an.« Daran ist viel Wahres – aber auch das Gegenteil trifft zu.

Wann es »passt«

Auch für dieses Gegenteil hält der Volksmund eine Beschreibung parat, sie lautet: »Gleich und gleich gesellt sich gern.« Diese Erkenntnis bezieht sich aber nicht auf die erotischen Aspekte einer Beziehung, sondern darauf, wie gut die Partner im alltäglichen Leben zusammenpassen. Diese sogenannte Passung hat also die entgegengesetzte Voraussetzung zum Funkenfliegen. Damit es passt, müssen Partner einander ähnlich sein. Es ist schwer vorstellbar, dass zwei, die unterschiedliche Meinungen vertreten, unterschiedliche Interessen haben, unterschiedliche Umgangsformen zeigen und entgegengesetzte Lebensentwürfe verfolgen, einen liebevollen Alltag und ein harmonisches Leben miteinander verbringen können.

Stellen Partner im Lauf der Zeit fest, dass sie zueinander passen, entsteht ebenfalls Liebe füreinander, allerdings keine leidenschaftliche, sondern eine partnerschaftliche Liebe, aus der sich eine verlässliche und tief vertraute Beziehung ergibt.

Beides, und bitte gleichzeitig!

Sowohl die leidenschaftliche als auch die partnerschaftliche Liebe sind wunderschön und für die meisten Menschen Bestandteile einer erstrebenswerten Beziehung. So wundert es nicht, dass suchende Single beides zur Bedingung ihrer zukünftigen Beziehung machen. Aber sie möchten noch wesentlich mehr: Sie möchten beides *gleichzeitig* geliefert bekommen. Das ist nun alles andere als selbstverständlich, und dieser Wunsch wirft große Probleme auf. Die beiden Liebesformen kommen nämlich nicht Hand in Hand daher, sie folgen einander meist in einigem Abstand.

In den meisten Fällen kommt die Leidenschaft zuerst, und wenn die Partner allmählich feststellen, in ihren Lebensvorstellungen und ihrem Alltagsverhalten zueinander zu passen, ergibt sich eine partnerschaftliche Verbindung. Um diese Aussage nachzuvollziehen, braucht man sich nur an die eigene Jugend zu erinnern, an die erste oder zweite oder dritte Liebe. Auch damals suchte man, allerdings war die Suche auf den Funkenflug beschränkt. Kaum ein junger Mensch von 17 oder 20 Jahren macht sich Gedanken darüber, ob ein Partner für ein gemeinsames Leben taugt. Erst einmal soll die leidenschaftliche Liebe da sein, erst einmal muss es funken – und erst lange danach wird geprüft, ob es auch passt. Junge Menschen

Phase 2: **Kontakt aufnehmen**

leisten sich eine recht lange Phase frei von konkreten Zielen und Absichten, frei von verbindlichen Zusagen und Verpflichtungen.

Nicht suchen – gleich finden

Den Luxus solcher Unverbindlichkeit will sich der dauerhaft suchende Single nicht mehr gönnen. Er steht unter enormem Druck und hat weder die Zeit noch das Vertrauen, einen Partner zu suchen. Er möchte ihn viel lieber gleich finden. Eine Frau bringt das auf den Punkt: »Ich bin jetzt 45. Ich habe keine Lust mehr auf die Sucherei. Ich habe nicht mehr die Geduld wie früher. Ich will jetzt endlich den Partner fürs Leben finden!«

Die Frau sagt im Grunde: »Ich will alles und zwar sofort und für immer.« Umgehend stellt sich die Frage, wie man etwas finden kann, ohne gesucht zu haben. Geht das überhaupt?

Wer ein Geldstück findet, der mag nicht danach gesucht haben. Aber wer einen Partner will, der muss sich die Zeit nehmen, um festzustellen, ob es funkt und ob es passt. Man kann einen Partner nicht wie einen Gegenstand finden. Und man findet ihn nicht draußen in der Welt – dort findet man in der Sympathiephase bestenfalls sympathische Menschen. Den Partner, bei dem es funkt oder passt, den sucht und findet man im konkreten Kontakt miteinander – und zwar nur dort.

Dieser Kontakt erfordert viel Zeit und eine Offenheit, die aufzubringen suchende Singles meist nicht bereit sind. Viele Paare berichten, es habe erst nach Wochen oder Monaten gefunkt. Und um herauszufinden, ob es passt, brauchten sie etliche Monate oder noch länger. Der unter Druck suchende Single kürzt die Sache ab und vergleicht den Partner der Einfachheit halber mit seinen Erwartungen, und diese lauten: Ich will beides, und zwar sofort! Doch beide Erwartungen erfüllen sich nur selten gleichzeitig, und das nimmt

DIE KUNST, EIN SINGLE ZU BLEIBEN

der suchende Single zum Anlass, potenzielle Partner nach wenigen Kontakten auszusortieren. In der Praxis sieht das dann zum Beispiel folgendermaßen aus:

Ein 42-jähriger Mann hat einige schöne Nächte mit einer 38-jährigen Frau verbracht. Als sie eines Morgens unvermittelt sagt, wie froh sie sei, »endlich einen Freund gefunden zu haben«, zieht er sich zurück und sortiert sie aus.

Eine 48-jährige Frau hat einen »fantasievollen, lebendigen, schlauen Kopf« kennengelernt, mit dem sie sich hervorragend versteht. Sie wäre ihm gern näher gekommen, aber »er hat einen kleinen Bauch«. Es springt nicht sofort der Funke über, und der Mann wird aussortiert.

Diese beiden typischen Beispiele zeigen das Dilemma. Entweder es funkt schnell, dann steht die Passung noch nicht fest (wie im ersten Beispiel), oder es scheint zu passen, ohne dass augenblicklich auch noch die Funken fliegen (wie im zweiten Beispiel). In beiden Fällen liegt die Enttäuschung nahe. Aber natürlich ist es leichter, schon nach kurzer Zeit eine fehlende erotische Anziehung festzustellen als eine fehlende Passung. Ob man jemanden anziehend findet, weiß man schnell, ob er passt, muss man allmählich herausfinden. Meiner Erfahrung nach gelangen potenzielle Partner in den meisten Fällen nur dann bis zur Mitte der Kontaktphase, wenn sich ein Mindestmaß an erotischem Interesse ergeben hat und es zumindest »kribbelt«. Wenn es nicht kribbelt, werden die potenziellen Partner schon nach Stunden oder wenigen Tagen größerer Nähe aussortiert. Kribbelt es hingegen, wird das als Zeichen dafür genommen, dass mehr drin sein könnte.

Phase 2: **Kontakt aufnehmen**

Wie man Funken erstickt und Feuer löscht

Das ist ein kritischer Punkt. Denn nachdem es gekribbelt hat, will der suchende Single so schnell wie möglich die Passung prüfen – schließlich hat er keine Lust mehr zu suchen, sondern will sofort finden. Leider führt diese Hektik dazu, dass weitere Funken verhindert, auflodernde Flammen erstickt und sogar brennende Feuer gelöscht werden. Die folgenden Beispiele zeigen das, und ich möchte betonen, dass es sich um Beispiele aus der Praxis handelt.

Funken verhindern:

Gina, eine selbstständige Maklerin, hat seit zwei Wochen E-Mail-Kontakt zu Peter, einem erfolgreichen Automobilverkäufer. Die beiden haben sich in einem Forum kennengelernt, haben aber weder Fotos ausgetauscht, noch haben sie bisher telefoniert oder sich getroffen. Dennoch sind sie neugierig aufeinander und halten den Schriftverkehr aufrecht. Sie steuern auf ein mögliches Treffen zu und tauschen sich diesbezüglich aus. Allerdings schreibt Peter seine E-Mails grundsätzlich in Kleinschrift und gibt sich keine Mühe mit der Interpunktion. Das hat Gina von Anfang an gestört. Im Lauf der ersten beiden Wochen muss sie darüber hinaus feststellen, dass die Rechtschreibfehler, die er ebenfalls von Anfang an machte, keine Flüchtigkeitsfehler darstellen, sondern in jeder E-Mail auftauchen. Das genügt Gina, um Peter auszusortieren. Sie antwortet einfach nicht mehr auf seine E-Mails. Ginas Urteil lautet: Er ist ein oberflächlicher Mann!

Funken verhindern:

Uli findet das Foto von Gerd, auf das sie in der Internet-Partnerbörse gestoßen ist, »super«. Sie schreibt ihm und gibt sich Mühe,

DIE KUNST, EIN SINGLE ZU BLEIBEN

aus der Menge der Frauen, die diesem attraktiven Mann mit Sicherheit schreiben, herauszuragen. Sie schreibt ihm in Versform. Diese Gedichtform – und ausdrücklich nicht den Inhalt der Verse – findet Gerd derart blöde, dass er sie aussortiert und ihr eine harsche Absage schickt. Gerds Urteil lautet: naiv, nicht ernst zu nehmen!

Funken ausschlagen:
Bettina und Klaus haben sich über fünf Wochen hinweg E-Mails geschrieben und sich über alles Mögliche ausgetauscht. Seine Lockerheit und sein Humor sind bei ihr gut angekommen, eine positive Erwartungsspannung hat sich aufgebaut. Jetzt sehen sich die beiden zum ersten Mal in einer Szenekneipe. Der Vergleich mit den vorher ausgetauschten Fotos hält dem realen Aussehen beider gerade noch stand, auch wenn sie in Wirklichkeit etwas älter aussehen als auf den Fotos. Die Herzen der beiden beginnen zu klopfen. Nur über eines kommt Bettina nicht hinweg: Klaus hat weiße Socken in seinen braunen Sandalen an. Socken zu Sandalen, zudem noch weiße, das schockiert Bettina derart, dass sie steif und höflich eine halbe Stunde mit Klaus verbringt und sich dann aus dem Staub macht. Sie hatte ihn in dem Augenblick aussortiert, als ihr Blick auf sein Schuhwerk fiel. Was auch immer Klaus von da an sagte oder tat, er blieb ohne Chance. Bettinas Urteil lautet: schlichter Charakter, geschmacklos!

Flammen ersticken:
Ingolf und Annegret sind einen Schritt weiter als die potenziellen Partner aus den vorigen Beispielen. Nach drei Wochen E-Mails, Telefonaten und einigen Spaziergängen sind sie bei Annegret im

Phase 2: **Kontakt aufnehmen**

Bett gelandet. Sie haben Lust aufeinander. Ingolf zieht Annegret die Hose herunter. Als diese über ihre Beine gleitet, quellen unmittelbar vor Ingolfs Augen Schamhaare aus ihrem Slip hervor. Schamhaare – noch dazu auf beiden Seiten des Slips! Das kann Ingolf nicht verkraften. Dass Annegret nicht wie alle anderen Frauen, mit denen er es versucht hat, rasiert ist, macht ihn sprachlos. Mit den Worten »Sorry, ich kann das nicht« macht er sich blitzschnell aus dem Staub. Annegret weiß nicht, wie ihr geschieht, aber sie weiß: Ich bin aussortiert. Ingolfs Urteil lautet: eine primitive Frau!

Solche Beispiele ließen sich bis ins Unendliche fortführen, derart zahllos und kreativ sind die Möglichkeiten, Funken und Feuer zu löschen. Mal ist es sein harmloser sächsischer Akzent, der im E-Mail-Verkehr verborgen blieb, aber beim ersten Treffen nicht zu überhören ist, ein anderes Mal sind es ihre lackierten Fußnägel, die auf ihn einen »prolligen« Eindruck machen.

In jedem der Beispiele fällt die Geschwindigkeit auf, mit der suchende Singles zu ihrem Urteil kommen und aussortieren. Ein solches Tempo kann man erreichen, indem man den Partner vor ein Schnellgericht stellt.

Das Schnellgericht

In der Kontaktphase bringen suchende Singles potenzielle Partner häufig vor ein Schnellgericht, wo es blitzschnell zu einem Urteil kommt. Dieses lautet entweder »Es funkt nicht« oder »Es passt nicht« – und das war es dann.

Ein Schnellgericht zeichnet sich dadurch aus, dass es weder einen Verteidiger noch einen Staatsanwalt braucht. Ein Verteidiger würde dem Angeklagten beispringen, ein Staatsanwalt müsste die Anklage ausführlich begründen. Der Verteidiger würde beispielsweise die Fragen aufwerfen: »Was genau ist an weißen Socken so schlimm?« oder »Deuten Rechtschreibfehler tatsächlich auf einen schlichten Charakter hin?« Der Staatsanwalt seinerseits müsste seine Anklage sachlich untermauern.

Beim Schnellgericht des suchenden Singles werden solche Verzögerungen vermieden, es wird ohne Umwege gleich ein Urteil verkündet. Dieses Urteil muss nicht näher begründet werden, der Richter entscheidet allein nach seinem Empfinden, das von enttäuschten Erwartungen ausgelöst wird. Ob diese Erwartungen bewusst sind im Sinne von: »Ich werde niemals eine Beziehung zu jemandem haben, der weiße Socken trägt«, oder ob sie unbewusst waren und sich erst im Schock des Augenblicks bemerkbar machen: »Um Gottes Willen, der trägt weiße Socken!«, das ist unerheblich. Das Urteil beruft sich auf ein scheinbar untrügliches Gefühl.

Außenstehenden mag diese Gefühlsbegründung seltsam und merkwürdig erscheinen, oder an den Haaren herbeigezogen und fadenscheinig vorkommen – dem suchenden Single aber macht sie Sinn. Er kann nicht anders. Schließlich fühlt er so, und dafür kann er doch nichts. Gefühle können doch nicht falsch sein ...

Gefühle täuschen nicht, oder doch?

Aber natürlich können Gefühle täuschen! Zwar irrt sich der suchende Single nicht über sein Gefühl, es ist da, es ist echt und es ist mächtig. Aber Gefühle können uns eine scheinbar untrügliche Bedeutung nahelegen, die wir an einem bestimmten Merkmal festmachen.

Wer sich an weißen Socken, sächselnden Partnern oder Rechtschreibfehlern stört, hat am eigenen Leib oder indirekt schlechte Erfahrungen mit diesen Merkmalen gemacht, ansonsten könnten sie keine ablehnende Reaktion hervorrufen. Mit seinem schnellen

Phase 2: **Kontakt aufnehmen**

Urteil will sich der suchende Single nun erneute Unannehmlichkeiten, Frust oder gar Schmerzen ersparen. Seine Gefühlswelt sperrt sich mit Händen und Füßen dagegen, sich mit einem derart unmöglichen Partner weiter einzulassen. Er ist sich sicher: »Wenn ich einen sächselnden Partner habe, werden mich meine Freunde auslachen«, »Wer die Rechtschreibung nicht beherrscht, hat einen einfältiges Wesen« oder »Wer weiße Socken trägt, ist geschmacklos und altmodisch«.

Das Schnellgericht beruft sich auf Überzeugungen von der Bedeutung eines Merkmals, wie sie in der Vergangenheit entstanden sind. Die negativen Gefühle gelten aber dem Merkmal und eben nicht der Person, die dem suchenden Single gegenwärtig gegenüber steht. Das aber interessiert den suchenden Single wenig. Wer einen Schnellrichter zur Revision seines Urteils bewegen möchte, könnte ebenso eine Katze baden wollen. Es wird ihm nicht gelingen, weil der suchende Single sich sicher ist: »Das kann nicht gut gehen.« »Das brauche ich mir nicht anzutun.« »Da kannst du sagen, was du willst.« »Damit kenne ich mich aus.« »Das lassen wir mal lieber.« »Das hat keinen Sinn!« Damit will ich nicht sagen, dass jedes Aussortieren falsch wäre. Aber ob es richtig oder falsch ist, lässt sich sehr selten sofort erkennen, und wenn das Urteil zu schnell fällt, wird man nicht erfahren, ob es angebracht war.

Schnell kennenlernen, schnell urteilen

Wie rasant Urteile vor dem Schnellgericht gefällt werden, lässt sich beim Speed-Dating erkennen, bei dem Singles nur einige Minuten Zeit für einen ersten Kontakt haben. Jeder testet sein Gegenüber blitzschnell ab, sucht nach ersehnten, erwarteten Merkmalen und bleibt am Störenden hängen. Er fokussiert selbst bei diesem kurzen Kontakt auf störende Merkmale, er starrt den Pickel an und übersieht den schönen Mund. Damit schiebt sich der Schatten einer Vergangenheit zwischen ihn und den Partner. Aber daran lässt sich seiner Meinung nach selbst dann nichts ändern, wenn der Schnellrichter sein Urteil bemerkt. Gegen seine Gefühle, so meint er, komme er nicht an.

Außenstehende mögen den Kopf schütteln ob der Sicherheit des suchenden Singles, ob der Starrheit seines Urteils, ob der Sturheit, mit der er seine Gefühle verteidigt. Männer mit weißen Socken können anregende Partner sein, Schamhaare weisen nicht auf einen verkommenen Charakter hin. Das ändert nichts. Es scheint dem suchenden Single in solchen Situationen unmöglich, von seinen Erfahrungen abzusehen oder seine Gefühle zu relativieren. Ganz im Gegenteil hält er sich für konsequent, wenn er den Partner jetzt schon aussortiert.

Doch natürlich kann der suchende Single an seinen Gefühlen etwas ändern, er weiß nur nicht, wie er das anstellen soll. Aber dazu später mehr. Zuvor möchte ich mich der nächsten Phase auf dem Weg zu einer Beziehung widmen: der Anbahnungsphase. Obwohl es eigentlich an ein Wunder grenzt, dass potenzielle Partner überhaupt so weit kommen – so viel, wie in der Kontaktphase aussortiert wird!

PHASE 3: ES BAHNT SICH ETWAS AN

Überlebt eine Beziehung die Kontaktphase, gerät sie in die Anbahnungsphase. In dieser dritten Phase ergeben sich erste bindende Gefühle. Die Partner hatten wiederholt schönen Kontakt, vielleicht hatten sie intensive erotische Begegnungen oder tolle Gespräche. Allmählich wird es ernster und verbindlicher, man rückt näher aneinander.

Aufgrund der aufkeimenden Bindung verbringen die potenziellen Partner mehr Zeit miteinander und lernen sich besser kennen. Sie

Phase 3: **Es bahnt sich etwas an**

erhalten weitere Einblicke in das Leben des anderen, in Gewohnheiten und Vorlieben, und erfahren dessen Sehnsüchte, Träume und Pläne. Das kann gut gehen – doch bei dauerhaft suchenden Singles wird spätestens in dieser Phase endgültig aussortiert. Sonst hätten sie eine Beziehung und bräuchten nicht mehr zu suchen.

Allerdings unterscheidet sich die Art und Weise des Aussortierens von der in den beiden ersten Phasen. Die suchenden Singles entwickeln sich jetzt zu echten Tätern. *Sie trennen sich nicht wegen ausbleibender Sympathie oder weil keine guten Gefühle entstanden wären. Sie trennen sich* **trotz** *guter Gefühle.* Sie schneiden sich sozusagen ab. Das macht diese Phase besonders interessant und aufschlussreich.

Diese kurze Beschreibung deutet schon an, dass die Abläufe in der Anbahnungsphase komplexer sind als jene in der Kontaktphase und einer ausführlicheren Schilderung bedürfen. Diese werde ich im nächsten Kapitel »Der Single als Fallensteller« ab Seite 30 anhand von konkreten Beispielen der Partnersuche liefern und dabei typische Verhaltensweisen und deren Folgen darlegen. In jedem dieser Beispiele werde ich folgende Fragen beantworten:

- Welche Erwartungen stehen auf der Checkliste des suchenden Singles?
- Welche Strategien wendet er an, um diese Erwartungen durchzusetzen?
- Welchen Eindruck macht er auf sein Gegenüber und welche Reaktion ruft er damit hervor?

Zuvor möchte ich noch einige allgemeine Bemerkungen zur Checkliste, zu den Strategien des suchenden Singles und zu den Reaktionen seines Gegenübers machen.

Die innere Checkliste

Um in der Anbahnungsphase erfolgreich auszusortieren, zückt der suchende Single seine innere Checkliste. Auf ihr befinden sich sowohl bewusste als auch unbewusste Erwartungen. Erfüllt der potenzielle Partner eine Erwartung, kann dieser Punkt abgehakt werden, und der Test läuft weiter. Die Checkliste enthält aber auch No-Goods und No-Gos. Das sind Dinge, die der suchende Single nur schwer oder gar nicht akzeptieren kann, die »noch gehen« oder »gar nicht gehen«.

Was kann auf einer Checkliste konkret an positiven Erwartungen und auch an No-Goods oder No-Gos stehen? Der Partner soll beispielsweise nicht rauchen oder Raucher sein; in der Wohnung die Türen nicht offen lassen; Kinder wollen; den Klodeckel runterklappen; größer oder kleiner sein; geschmackvoll angezogen sein; finanziell unabhängig sein; eine stilvolle Wohnung haben; sexuell aktiv sein; körperlich gepflegt sein; gut zuhören können; treu sein; nicht in der Nase bohren; zärtlich sein; gleiche Essgewohnheiten haben wie man selbst; tiefste Wünsche erfüllen; gleiche Freizeitinteressen verfolgen wie man selbst; einen nicht verletzen; gebildet sein usw.

Checklisten sind individuell und enthalten ein Sammelsurium von allgemeinen Bedingungen und persönlichen »Macken«. Etliche der persönlichen Macken sind im Alter von 35 aufwärts derart kultiviert, dass der suchende Single davon partout nicht abrücken will. Ein skurriles Beispiel einer solchen Macke gibt eine Frau in einem TV-Interview. Sie betont: »In meinem Haus wird erst ab 10 Uhr gesprochen, damit muss sich ein Mann abfinden.« Männer, die morgens sprechen sind ein absolutes No-Go für diese Frau.

Was auch immer sich darauf befindet, man kann sich die Checkliste als ein emotionales Punktesystem vorstellen. No-Gos sind Ausschlusskriterien, No-Goods können sich summieren, und ob es weitergeht, hängt davon ab, ob die Summe der erfüllten und der frustrierten Erwartungen positiv oder negativ ausfällt.

Die Strategien des suchenden Singles

Erwartungen sind eine Sache – die Art und Weise, in der sie durchgesetzt werden sollen, eine andere. Dazu bieten sich verschiedene Strategien an. Beispielsweise erwartet jemand Zärtlichkeit vom Partner. Diese kann er einfordern, er kann darum bitten, er kann Vorwürfe machen, er kann versuchen, sein Bedürfnis durch stummes Leid mitzuteilen, oder er kann noch eine andere Strategie anwenden. Das heißt, suchende Singles können dem potenziellen Partner gegenüber hinsichtlich ihrer Erwartungen ein sehr unterschiedliches Verhalten zeigen. Es ist aber nicht so, dass ein Einzelner über viele unterschiedliche Strategien verfügt. Meist sorgt er in einer bestimmten Art und Weise für die Erfüllung seiner Erwartungen, wendet also eine bevorzugte Strategie an.

Die Reaktion des Gegenübers

Diese Strategie spielt für den Verlauf der Anbahnungsphase eine zentrale Rolle. Denn durch sein Verhalten ruft der suchende Single beim Gegenüber einen bestimmten Eindruck hervor, und an diesem Eindruck richtet sich dessen Reaktion aus. Da der dauerhaft suchende Single keinen Partner findet, darf man unterstellen, dass er auf sein Gegenüber keinen vorteilhaften, sondern eher einen nachteiligen Eindruck macht. Das gilt oft auch dann, wenn er nicht aussortiert wird, sondern selbst aussortiert. Denn dann wirkt er womöglich arrogant oder oberflächlich.

Hier wird einer der spannendsten und aufschlussreichsten Punkte missglückter Partnersuche berührt. Lassen Sie mich das an einem kleinen Beispiel erläutern.

DIE KUNST, EIN SINGLE ZU BLEIBEN

Der Eindruck, den Sie machen

Unterstellen wir, Sie möchten mit einem potenziellen Partner essen gehen, das ist Ihre Erwartung. Nun kommt es darauf an, wie Sie diese erfüllen wollen. Sie können das einfordern, Sie können darum bitten, Sie können sich beklagen, dass er Sie noch nicht eingeladen hat, Sie können seine Kochkünste madig machen oder Sie versuchen auf andere Art, zum Ziel zu kommen. Ihre spezifische Strategie macht auf den anderen einen spezifischen Eindruck. Und da Sie sich öfter so verhalten – beispielsweise immer dann, wenn Sie eine Erwartung durchsetzen wollen – verdichtet sich dieser Eindruck zu einer »Person«. Das heißt, Ihr Gegenüber wird irgendwann sagen, Sie wären ein »Kommandierer« (weil Sie immer wieder einfordern) oder ein »Jammerer« (weil Sie sich immer wieder beklagen) oder ein »Meckerer« (weil Sie Dinge madig machen, um eigene Erwartungen durchzusetzen).

Sie können jetzt sicher sein, dass Ihr potenzieller Partner auf Dauer nicht mehr auf die Erwartungen selbst reagiert, die Sie an ihn herantragen, sondern auf den Eindruck, den Sie als Person in solchen Momenten auf ihn machen. Mit anderen Worten: Er reagiert auf die Verhaltensweise, die ihm in diesem und in vergleichbaren Momenten begegnet. Aus den momentanen Eindrücken macht er sich ein Bild von Ihnen, davon, wer Sie offensichtlich »sind«. Er denkt dann: »Was für ein Meckerer« oder »Was für ein Tyrann« und reagiert auf Sie so, als wären Sie nichts weiter als ein Meckerer oder Tyrann. Der potenzielle Partner reagiert also nicht auf Sie in Ihrer vielfältigen Persönlichkeit, sondern auf den Verhaltensausschnitt, dem er konkret begegnet. Und da er die »Person«, als die Sie sich gerade zeigen, nicht mag, wendet er sich ab oder lässt Sie auflaufen. Das Ergebnis ist dann Trennung, wobei es gleichgültig ist, wer den ersten Schritt dazu macht.

Phase 3: **Es bahnt sich etwas an**

Ich komme später nochmals auf die Zusammenhänge von Verhalten, Eindruck und Reaktion zurück. Vorerst genügt diese kurze Erläuterung, um zu zeigen, dass es durchaus effektive Möglichkeiten gibt, Passung zueinander zu verhindern. Ich möchte nun zu dem weiten Gebiet verschiedener Ego-Fallen kommen, die suchende Singles aufstellen, um Passung zu prüfen oder zu erzwingen.

- Ganz am Anfang befinden sich zwei potenzielle Partner in der Sympathiephase. Sind sich beide sympathisch, »klingelt« es, dann gehen Sie in die nächste Phase auf dem Weg zu einer Beziehung, in die Kontaktphase.
- In der Kontaktphase soll es »funken« und es muss »passen«. Das sind ideale Voraussetzungen, um den größten Teil potenzieller Partner auszusortieren.
- Das Schnellgericht des suchenden Singles kennt keinen Verteidiger. Sein Urteil steht felsenfest: Es beruft sich auf Gefühle.
- Wenn zwei es durch die Kontaktphase schaffen, geraten sie in die letzte Phase auf dem Weg zu einer Beziehung: in die Anbahnungsphase. Es haben sich gute Gefühle eingestellt und man kann sich vorstellen, den passenden Partner gefunden zu haben.
- In der Anbahnungsphase entstehen erste bindende Gefühle. Der suchende Single traut sich nun, den Partner einer Belastungsprobe zu unterziehen: einer Ego-Falle. Dazu checkt er seine Erwartungen ab, wendet Ego-Strategien an und wirkt so auf sein Gegenüber abschreckend.

Der Single
als Fallensteller

Der Single als Fallensteller

Wie gezeigt, hat der suchende Single keine Zeit für Experimente, er will auf Nummer Sicher gehen und endlich feststellen, ob wirklich der »Richtige« gefunden wurde. Dafür stellt er jetzt sicherheitshalber eine Ego-Falle auf.

Tappt der Partner in die Falle, indem er die aufgestellten Bedingungen erfüllt, dann würde er offenbar passen – und einer Beziehung stünde nichts im Weg. Leider hat auch der potenzielle Partner ein eigenes Ego und eigene Erwartungen, und er denkt nicht daran, sich in die Ego-Falle einsperren zu lassen. Er entzieht sich oder kontert, indem er eine eigene Falle aufstellt – und erweist sich damit als der Falsche, von dem man sich besser trennt. Weil der suchende Single am Ende allein dasteht, ist er in seiner eigenen Ego-Falle gefangen. Denn er hat, ohne es zu bemerken, eine Passung verhindert. Und so sucht er eben weiter.

Auf den folgenden Seiten lernen Sie einige dieser Ego-Fallen kennen, die auf eine ungewollte Art alle sehr erfolgreich sind: Sie verhindern Passung und vereiteln Beziehungen. Sie sind so interessant, weil sie Antwort auf die Frage geben, wie man es schafft, beim Partner eine unerwünschte Reaktion auszulösen, nämlich dass dieser sich abwendet oder sich nicht weiter einlässt.

EGO-FALLE

Eine Ego-Falle besteht aus einer unausweichlichen Bedingung, einer Erwartung, die der potenzielle Partner auf jeden Fall erfüllen muss. Diese Erwartung wird zu einem frühen Zeitpunkt und in massiver Form an ihn herangetragen, damit er den Beweis führt, der lang ersehnte Richtige zu sein.

DER SINGLE ALS FALLENSTELLER

EGO-FALLE 1: SUCHE PARTNER, DER ZU MIR PASST!

Die erste, sehr verbreitete Ego-Falle könnte unter dem Motto stehen: »Wie man einem Partner den Eindruck vermittelt, dass es in der Beziehung nicht um ihn geht.« Diese Falle möchte ich am Beispiel zweier Frauen erläutern, an dem von Gitte und Bettina.

Setzt mich in den Mittelpunkt!

Den Anfang macht Gitte, die in einem Video-Interview (siehe Link Seite 191) selbstbewusst in die Kamera schaut. Die 33-jährige Frau gibt offenherzig Auskunft über ihr Single-Dasein und ihre wichtigsten Erwartungen. Dabei macht sie einige sehr aufschlussreiche Bemerkungen. Sie sagt unter anderem:

»Es ist schwer zu sagen, warum man nicht den wirklich Richtigen findet. Ich glaube, jeder will heute sein Ding machen und ist nicht bereit, Kompromisse einzugehen, die für eine Partnerschaft aber zwingend erforderlich sind.«

»Ich treffe meistens gestandene Männer. Leider bleibt es oft in der Unverbindlichkeit.«

»Ich denke schon, dass ich in einer Beziehung durchaus den Ton angebe. Ich glaube, dass ich eine gewisse Dominanz ausstrahle, die leider Männer anzieht, die nicht so sehr meinem Beuteschema entsprechen.«

*»Mein Beuteschema ist: groß, gut aussehend, intelligent. Und gut küssen, gut riechen soll er. Mir gefällt es, wenn Männer Parfüm benutzen. Ansonsten reicht es mir schon, wenn er mich toll findet und mir das Gefühl gibt, dass ich **die** Frau bin, für ihn die einzige Frau auf der ganzen Welt.«*

Ego-Falle 1: **Suche Partner, der zu mir passt!**

Diese Zitate zeigen auf den ersten Blick scheinbar selbstverständliche Erwartungen. Dennoch gelangt Gitte mit potenziellen Partnern nicht über die Anbahnungsphase hinaus. Sie selbst findet es »schwer zu sagen«, warum sie nicht den Richtigen findet. Mir und den Lesern dieser Zeilen fällt das, aus dem Abstand des Betrachters heraus, leichter. Gäbe man eine Annonce für Gitte auf, eine Annonce, die nicht die üblichen Selbstbeschönigungen enthält, sondern die Gittes eigene, von ihr gemachte Aussagen auf den Punkt bringt, dann müsste der Text etwa folgendermaßen lauten:

> ### SUCHE PARTNER, DER ZU MIR PASST
> Suche gestandenen, großen,
> gut aussehenden, intelligenten Mann,
> der gut küsst, der Parfüm benutzt,
> der sich dominieren lassen will
> und mich in den Mittelpunkt seines Lebens stellt.

Fehlanzeige

So weit, so ehrlich. Nur: Wer würde auf eine solche Annonce antworten? Gestandene Männer sicherlich nicht. Es ist unwahrscheinlich, dass gestandene Männer dominiert werden möchten und eine Partnerin wollen, die den Ton in der Beziehung angibt. Melden sich vielleicht gut aussehende und gut küssende Männer, die der Partnerin kontinuierlich beweisen, dass sie **die** Frau ihres Lebens ist? Auch das passiert nicht, weil den Männern bei der Schwerarbeit ständiger Liebesbeweise alsbald die Luft ausginge. Gitte beschreibt selbst, welche Männer sich für sie interessieren: Männer, die dominante

Frauen mögen und die zur Anpassung bereit sind. Man möchte ihr dazu gratulieren – aber sie winkt ab, denn diese Männer entsprechen nicht ihrem »Beuteschema«, es sind keine »gestandenen« Männer. Noch mehr fällt an Gittes eigenen Worten auf. Sie hält Kompromisse für nötig, will zugleich aber in der Beziehung den Ton angeben. Offenbar meint sie, der Partner solle in den sauren Kompromiss-Apfel beißen und nicht etwa sie selbst.

Auf dem Weg zum ewigen Single

Nun könnte man einwenden, Gitte habe diese offenlegende Annonce ja nicht selbst aufgegeben. Doch auch wenn sie in ihrer Personenbeschreibung auf Internetforen mit geschickten Formulierungen für sich wirbt, kann sie ihre wahren Erwartungen nicht aus dem nahen Kontakt der Anbahnungsphase heraushalten. Warum sollte sie das auch tun? Sie hält ihre Erwartungen ja für selbstverständlich, sonst würde sie solche Aussagen nicht in die Kamera sprechen. Wundert es da, dass sie sich auf dem Weg zum ewigen Single befindet? Mich wundert das nicht, denn mir begegnet dieser Typ Single, entweder als Frau oder als Mann, in der Beratung sehr oft. Ich würde grob schätzen, dass etwa drei Viertel der Singles in der Anbahnungsphase ihre Erwartungen auf ähnlich offensive Weise verfolgen.

Gittes Anbahnungsversuche scheitern an ihrer Ego-Falle, an den Zumutungen, mit denen sie testet, ob der Mann sie in den Mittelpunkt seines Lebens stellt und ob er die anderen Bedingungen erfüllt. Sie scheitern an Gittes Verhalten. Diese Aussage mag nicht unbedingt schmeichelhaft sein, aber sie enthält eine Chance. Die Chance, sich selbst als Hindernis im Durchqueren der Anbahnungsphase zu entdecken und dieses Hindernis zu überwinden. Schauen wir uns die wesentlichen Merkmale und Folgen ihrer Ego-Falle an.

Ego-Falle 1: **Suche Partner, der zu mir passt!**

Gittes Checkliste

Gittes Checkliste enthält, soweit wir das bisher wissen, neun wichtige Punkte. Der »richtige« Partner soll:

1. Kompromisse eingehen können,
2. ein gestandener Mann sein,
3. ihre Dominanz anerkennen,
4. groß sein,
5. gut aussehen,
6. intelligent sein,
7. gut küssen,
8. gut riechen und dazu Parfüm benutzen,
9. ihr das Gefühl geben, dass sie **die** Frau ist, für ihn die einzige Frau auf der Welt.

Die Punkte 1, 2, 3, 6, 7 und 9 gehören zu den No-Gos, das heißt, wenn diese Bedingungen nicht erfüllt werden, geht nichts, dann ist Gitte nicht weiter interessiert. An den anderen Punkten ließe sich vielleicht etwas drehen, wenn ein Mann beispielsweise bereit wäre, sein Aussehen operativ Gittes Vorstellungen anzupassen – was manche Männer ja wie selbstverständlich von ihren Frauen erwarten oder sogar verlangen.

Obwohl Gittes Erwartungen nicht gerade bescheiden sind, trifft sie regelmäßig Männer. Sie hat also durchaus Chancen. Diese allerdings verspielt sie zielsicher durch ihre Strategie.

Gittes Strategie

Gitte erwartet vom Partner Kompromisse und möchte von ihm das Gefühl bekommen, die einzige Frau auf der Welt für ihn zu sein. Sie selbst bezeichnet sich als dominant und gibt damit einen Hinweis

DER SINGLE ALS FALLENSTELLER

auf die Strategie, die sie zur Umsetzung ihrer Erwartungen anwendet. Man kann sich nicht vorstellen, dass sie bescheiden, zurückhaltend oder gar unterwürfig auftritt. Nein, Gitte tritt klar, direkt und konfrontativ auf – und macht aus ihren zahlreichen Bedingungen keinen Hehl.

Reaktionen auf Gitte

Welchen Eindruck macht Gitte auf ihr Gegenüber? Potenzielle Partner gewinnen einen deutlichen Eindruck davon, mit wem sie es zu tun haben: mit einer Frau, die bestimmen will. Gestandene Männer haben aber wenig Interesse, sich bestimmen zu lassen und wehren sich. Dann kämpft Gitte zäh und offensiv mit ihnen, bis sie sich aus dem Staub machen. Oder sie machen sich stillschweigend davon, weil sie nicht kämpfen wollen. Diese Reaktion der Männer ist von Gitte nicht beabsichtigt, aber alles andere als ein Zufall.

Schau, dass es mir gut geht!

Kommen wir jetzt zum zweiten Beispiel aus der Kategorie »Suche Partner, der zu mir passt!«. Bettina ist 37 Jahre alt und hat, wie sie selbstkritisch formuliert, »seit 15 Jahren keine feste Beziehung hinbekommen«, obwohl sie sich oft mit Männern in der Anbahnungsphase befindet. In einem Video (siehe Link Seite 191) erläutert sie ihre Situation, die für viele Singles typisch ist:

>*»Die Männer, die mir gefallen, wollen mich nach ein paar Wochen nicht mehr, sind plötzlich weg. Und die Männer, denen ich gefalle, die gefallen mir nicht.«*
>
>*»Ich werde regelmäßig verlassen und fühle mich so, als ob keiner für mich da sein will.«*
>
>*»Ich suche einen Mann, für den ich das Wichtigste bin, auf den*

Ego-Falle 1: **Suche Partner, der zu mir passt!**

ich mich voll verlassen kann, der erkennt, wenn es mir nicht gut geht, der für mich da ist, für den ich an erster Stelle stehe. Der schaut, dass es mir gut geht. Der mir ein paar liebe Worte sagt und der vor allem auch merkt, wann ich das brauche. Der halt dieses Empfindsame für mich hat.«

»Ein Mann soll mir ganz viel Geborgenheit und Sicherheit geben. Ich brauche einfach diese Verlässlichkeit. Eben jemanden, der einfach für mich da ist.«

Da Bettina regelmäßig von den Männern verlassen wird, die ihr gefallen, lautet die interessante Frage, mit welchen Erwartungen und auf welche Weise sie diese Männer zu der Reaktion bringt, spätestens nach ein paar Wochen das Weite zu suchen. Vermutungen hierzu werden durch verschiedene ihrer Formulierungen angeregt. Der Richtige ist nach ihren Worten jemand, auf den sie sich »voll verlassen kann«, für den sie »an erster Stelle steht« und vor allem: »der für mich da ist«.

Bettinas Checkliste

Den Richtigen erkennt sie daran, dass er »einfach für mich da« ist. Schaut man sich die Liste ihrer Erwartungen an, darf man bezweifeln, dass es für einen Partner einfach sein könnte, für sie da zu sein. Er soll zumindest:

1. nach ihr schauen,
2. liebe Worte zu ihr sagen,
3. ihre Bedürfnisse erahnen,
4. ihr Empfindsamkeit entgegenbringen,
5. ihr Geborgenheit, Verlässlichkeit und Sicherheit geben,
6. für **sie** da sein.

37

DER SINGLE ALS FALLENSTELLER

Wir hören kein Wort davon, dass sie gleichermaßen für **ihn** da sein möchte. Bettina sucht im Wortsinn einen Partner, der **zu ihr** passt. Dieser Richtige gibt ihr durch sein permanentes und verlässliches Für-sie-da-sein vor allen Dingen ein Gefühl, nämlich das Gefühl der Geborgenheit und Sicherheit.

Bettinas Strategie

Wie sehr Bettina dieses Gefühl ersehnt, lässt sich an der Reaktion erkennen, die einsetzt, sobald ihre Erwartungen enttäuscht werden und der potenzielle Partner nicht für sie da ist, also an der Strategie, mit der sie ihre Erwartungen durchsetzen will. Dann fängt sie heftig an zu kämpfen:

>*»Dann werde ich innerlich so wütend: ‚Hallo, so kannst du doch nicht mit mir umgehen! Ich finde das unmöglich! Du achtest mich überhaupt nicht! Wie kannst du mich so behandeln!'«*
>
>*»Dann stelle ich ihn natürlich zur Rede oder wasche ihm den Kopf, das ist doch klar!«*

Bettina sucht das Gefühl der Geborgenheit und Verlässlichkeit und fürchtet sich vor dem Gegenteil – vor dem Gefühl, verlassen zu sein. Aber wann taucht dieses negative Gefühl auf? Erst dann, wenn ein Mann sich tatsächlich aus dem Staub gemacht hat oder bereits viel früher? Beispielsweise wenn ein Mann zu spät zu einer Verabredung kommt? Wenn er nicht mit ihr zum Joggen geht? Wenn er anderer Meinung ist als sie? Wenn er sonntags länger im Bett liegt als sie, oder früher als sie aufsteht? Wenn er mal keine Lust auf Sex mit ihr hat? Wenn er andere Lebensvorstellungen äußert? Wenn er ihren Geburtstag vergisst? Wenn er irgendwie absichtlich oder unabsichtlich zeigt, dass sie gerade nicht das Wichtigste für ihn ist?

Ego-Falle 1: **Suche Partner, der zu mir passt!**

Es lassen sich unzählige Situationen finden, in denen das Gefühl des Verlassenseins hervorgerufen und dadurch ihre Empörung und Wut aktiviert werden können. Man könnte in jedem dieser Fälle von »kleinen Verlassenheiten« sprechen. Jedem einzelnen Vorfall mag vielleicht eine geringe Bedeutung zukommen, aber die Vielzahl solcher Ereignisse summiert sich und ruft mit der Zeit immer schnellere und heftigere Reaktionen hervor. Irgendwann genügt schon der kleinste Anlass, um den Partner anzugehen und ihm den Kopf zu waschen.

Eine solche Aufladung von Bedeutungen kennt man von Reizwörtern. Daneben gibt es aber auch noch Reizgesten und vor allem gibt es Reizverhalten. Bettina jedenfalls – und auch Gitte aus dem Beispiel davor – treffen bei ihren potenziellen Partnern auf jede Menge Reizverhalten, und gefühlsmäßig springen sie schlagartig darauf an. Sobald der Mann sich nicht erwartungsgemäß verhält, lernt er sie kennen, dann stellt sie ihn »natürlich zur Rede« oder »wäscht ihm den Kopf« oder macht beides. Männer müssen sehr robust sein, um diese Prozedur auf Dauer gelassen zu ertragen.

Reaktionen auf Bettina

Bettina macht auf Männer einen ähnlich dominanten Eindruck wie Gitte. Insofern wundert es nicht, dass die Männer ähnlich reagieren. Unabhängig davon, ob sie das Gewitter schweigend über sich ergehen lassen oder ob sie sich zur Wehr setzen, bescheren die heftigen Reaktionen den Männern immer wiederkehrenden Stress, und dann … sind sie plötzlich weg. Typisch für Männer ist, dass sie sich meist stillschweigend verabschieden, was es Bettina erschwert, ihr Verhalten zu erkennen. Die Reaktion der anderen Seite steht hier aber nicht im Fokus, sondern der Single, der eine Beziehung hinbekommen möchte und nicht weiß, wie er verhindert, dass es passt.

DER SINGLE ALS FALLENSTELLER

Wie wirke ich?

Soweit die konkrete Schilderung der Beispiele. Halten wir fest: Gitte und Bettina sortieren auf zweifache Weise aus. Zum einen aktiv, indem sie sich von Männern trennen, die ihren Vorstellungen nicht entsprechen. Zum anderen passiv, indem sie durch ihr Verhalten potenzielle Partner abstoßen und vertreiben.

Greifen wir an diesem Punkt wieder die Schlüsselfrage der Annäherungsphase auf: »Mit wem hat es mein Gegenüber zu tun?« Ich denke, die Frage ist hinreichend beantwortet. Die Männer, die sich mit Bettina und Gitte treffen, begegnen »Generalin Bettina« oder »Diktatorin Gitte«. Das gemeinsame Merkmal von Generalin und Diktatorin ist, dass sie bestimmen wollen und mit offensiven und aggressiven Mitteln für die Durchsetzung ihrer Erwartungen sorgen. Damit ist auch die Frage beantwortet, mit wem die betreffenden Männer **keine** Beziehung eingehen wollen: mit einer Bestimmerin. Das Gleiche gilt natürlich auch für die meisten Frauen, die sich nicht von Männern bestimmen lassen wollen.

Ego-Falle 1: **Suche Partner, der zu mir passt!**

Als Bestimmer auftreten

Wenn Sie die Illustration betrachten, sehen Sie, was potenzielle Partner empfinden, wenn sie einem Bestimmer gegenüberstehen. Sie sehen weder Angst noch Unsicherheit, sondern jemanden, der festlegt, wie es zu laufen hat. Sie sehen jemanden, dessen Erwartungen sie sich unterordnen sollen. Wie die Reaktion auf solch ein Verhalten ausfällt und ob es in eine Beziehung hinein lockt, kann jeder an sich selbst nachvollziehen.

Doch halten wir etwas sehr Wichtiges fest: Die potenziellen Partner lehnen weder Gitte noch Bettina ab, sie lehnen deren Verhalten in bestimmten, wiederkehrenden Situationen ab. Es wäre falsch zu sagen, Bettina oder Gitte »seien« Bestimmerinnen, und ebenso falsch wäre die Behauptung, ihre potenziellen Partner hätten es ausschließlich mit einer Bestimmerin zu tun. Sicherlich erleben sie auch schöne und verbindende Momente miteinander, sicherlich finden sie sich gegenseitig interessant und anziehend, sonst käme der Kontakt über eine erste Begegnung nicht hinaus. Fatal wirkt sich jedoch aus, dass das Verhalten des Bestimmers gerade in kritischen Situationen aktiviert wird, nämlich dann, wenn Erwartungen gefährdet oder frustriert werden. Dann schlägt die Stunde des Bestimmers: Er (oder sie) macht sich in einer Mischung aus Angriffen, Vorwürfen, rechthaberischen Diskussionen und dem Wegwischen der Belange des Partners bemerkbar. Hier ein paar typische Beispiele:

Angriffe:
- »Was fällt dir ein, fünf Tage lang nicht anzurufen!«
- »Glaubst du vielleicht, ich lass mir das gefallen?«
- »Hallo, so geht das aber nicht!«
- »Das kannst du vergessen, so läuft das mit mir nicht!«

DER SINGLE ALS FALLENSTELLER

Vorwürfe:

- »Du denkst nur an dich!«
- »Du weißt doch gar nicht, was eine Frau braucht!«
- »Nie bist du für mich da!«
- »Kannst du dir nicht denken, was ich will?«

Diskussionen:

- »Wenn ich dir etwas bedeuten würde, hättest du meinen Geburtstag nicht vergessen!«
- »So etwas passiert doch nicht zufällig!«
- »Das ist doch nicht normal, keiner tut so etwas!«

Wegwischen:

- »Was glaubst du denn, wie ich mich fühle!«
- »Wenn du mit mir zusammen sein willst, musst du gefälligst mehr Zeit mit mir verbringen.«
- »Was du da sagst gibt doch keinen Sinn!«

Zuerst ich, dann du!

Diese typischen Aussagen eines Bestimmers entsprechen seiner offensiven Strategie. Ihnen allen ist das Beharren auf der eigenen Position und auf der Erfüllung eigener Erwartungen gemeinsam. Der Bestimmer will die Regeln für die Beziehung aufstellen, treibt den Partner in die Enge, argumentiert clever und redet den anderen in Grund und Boden. Er beansprucht Deutungshoheit, er weiß genau, was richtig und falsch ist und hält seine eigenen Erwartungen für selbstverständlich, natürlich und normal. Ein Bestimmer stellt seine Bedürfnisse in den Vordergrund, er stellt sie vor die Bedürfnisse des Partners.

Ego-Falle 1: Suche Partner, der zu mir passt!

Dabei vermittelt der Bestimmer seinem potenziellen Partner unmissverständlich, dieser solle **für ihn** passen, er solle **für ihn** da sein. Bewusst oder unbewusst erfasst der potenzielle Partner, dass **er** nicht gemeint ist, dass er die zweite Geige spielen soll, dass es nicht gleichermaßen um ihn geht. Er bemerkt, dass er den Erwartungen des Partners entsprechen soll und dass die Annoncen-Überschrift »Suche Partner, der **zu mir** passt!« im Grunde genau so gemeint ist, wie es da steht. Er erkennt, welchen Bedingungen er sich beugen muss, wenn er in diese Ego-Falle tappt.

Tragisch für den Bestimmer ist, dass er seinen Egozentrismus nicht bemerkt und die meisten Partner ihm nicht entsprechend Paroli bieten wollen oder können. Deshalb ist er von der Reaktion seines Gegenübers, der das Weite sucht, überrascht und kann nur schwer begreifen, dass er selbst durch sein egozentrisches Verhalten diese Reaktion verursacht hat.

Eine 29-jährige Frau, von Beruf Aufnahmeleiterin bei einer TV-Produktion, versicherte mir: »Alle meine Freundinnen sind so« – so bestimmend eben. Doch der potenzielle Partner müsste ein recht unterwürfiger Mensch sein, um sich auf die Vorstellungen eines Bestimmers einzulassen. »Das«, wird er sagen, »ist für mich keine Beziehung«, und damit hat er Recht.

Und mit dieser Aussage wird nun vollends klar, warum ein Bestimmer auf Dauer keine Beziehung hat: Der Bestimmer ist nicht in Beziehung – und deshalb hat er keine!

Jemand der »den Ton angibt« wie Gitte, oder der jemanden will, der »für mich« da ist, wie Bettina, oder ein Mann, der den Macho raushängen lässt, ist nicht in Beziehung. Er ist bei sich, bei seinen Bedürfnissen und Sehnsüchten, Wünschen und Vorstellungen. Er ist auf sich bezogen und will den Partner in seine Interessenlage einordnen. Daran ist nichts Verwerfliches und das kommt in

Beziehungen immer wieder vor. Wenn man dieses Vorhaben jedoch konsequent durchzieht und schon in der Anbahnungsphase keinen Hehl daraus macht, dann kann man nicht behaupten, in Beziehung zum Partner zu sein.

Dass aus einem Kontakt, in dem sich ein Partner nicht auf den anderen bezieht, keine Beziehung wird, leuchtet ein. Was es heißt, in Beziehung zu sein, erfahren Sie ab Seite 102. Jetzt komme ich erst einmal zur nächsten Ego-Falle.

EGO-FALLE 2:
SUCHE PARTNER, DEM ICH PASSE!

Die zweite, etwas weniger verbreitete Ego-Falle möchte ich am Beispiel von Andrea und Kristin erläutern. Schauen wir uns dazu Zitate der beiden Frauen an. Andrea ist 38 Jahre alt und befindet sich seit Jahren »in der Warteschleife«.

»Ich schmelze dahin, wenn mich ein Mann erobert, wenn er mir sagt, dass er mich liebt.«
»Ich treffe leider immer auf Männer, die sich nicht wirklich einlassen. Ich befinde mich ständig in einer Warteschleife.«
»Ich habe seit vier Jahren einen Freund, wenn ich ihn so nennen soll, bei dem es genauso ist. Es ist unendlich schön mit ihm – wenn er mal da ist. Ich mach das alles mit für diese schönen Augenblicke.«
»Ich weiß nicht, was ich sonst noch tun soll. Ich frage nicht, wo er war oder wo er hingeht, aber er entscheidet sich einfach nicht für mich. Nicht wirklich.«

Kristin ist 32 Jahre alt, ihre längste Beziehung dauerte nur ein Jahr und war eine Qual für sie, bis sie, wie schon oft, die »Reißleine«

Ego-Falle 2: **Suche Partner, dem ich passe!**

zog und die Beziehung beendete. In einem Video (siehe Link Seite 191) erläutert sie ihre Beweggründe:

»*Im Grunde habe ich gleich gewusst, dass er nicht der Richtige ist. Aber er hat so lange um mich geworben, bis ich eingeknickt bin. Regelrecht dahingeschmolzen bin ich.*«

»*Es ist so, als ob ich nur für diese Momente gelebt habe. Ich habe alles in Kauf genommen, um das zu erleben.*«

»*Er hatte auch gute Seiten, und immer wenn es schön wurde, hat er mich mit Gemeinheiten auf Distanz gehalten.*«

Die Aussagen von Andrea und Kristin legen auf den ersten Blick scheinbar selbstverständliche Erwartungen dar. Jeder Partner möchte erobert und geliebt werden, will schöne Augenblicke mit dem anderen erleben und will, dass der sich für ihn entscheidet. Doch schauen wir genauer hin und geben auch für diese beiden Frauen eine Klartext-Annonce auf, die ihre Erwartungen auf den Punkt bringt und die auch zeigt, was sie dem Wunschpartner im Austausch für eine Beziehung anbieten:

SUCHE PARTNER, DEM ICH PASSE

Bin zu haben für einen Mann,
der um mich wirbt und mich erobert,
der meine Sehnsucht nach Nähe stillt.
Ich bin anpassungsfähig, pflegeleicht und leidensfähig.
Ich stelle garantiert keine Ansprüche und
warte geduldig, bis Du dich für mich entscheidest.

45

DER SINGLE ALS FALLENSTELLER

In der Warteschleife

Welche Männer werden sich bei Andrea und Kristin melden? Das sind Männer, die erobern wollen und die den Frauen dafür das Blaue vom Himmel versprechen. Die Männer geben ihnen zwar Zärtlichkeit, meiden aber feste Beziehungen. Was immer die Motive ihrer Zurückhaltung sein mögen, ob sie sich noch in anderen Beziehungen befinden oder ob sie grundsätzlich feste Bindungen ablehnen – die Männer nehmen, was ihnen angeboten wird. Andrea und Kristin werden nicht verlassen, dazu liefern sie keinen Anlass. Aber sie finden keinen Partner, der den Alltag mit ihnen teilen will. Ihre Beziehungen, sofern man diese so bezeichnen will, sind von Distanz und dem Aufenthalt in endlosen Warteschleifen geprägt. Ihr Leiden zieht sich hin, bis sie eines Tages selbst den Schlussstrich oder die Reißleine ziehen und den potenziellen Partner verlassen, um ihre »Würde nicht völlig zu verlieren«.

Hingehalten werden

Davor aber liegt eine lange Leidensstrecke, in der die Singles – das sind sie in solchen Verbindungen geblieben – hoffen, dass der potenzielle Partner bald ganz für sie da sein wird. Sie glauben den Versprechen und Liebesschwüren, mit denen sie einst erobert wurden und mit denen sie jetzt hingehalten werden. Sie geben alles, damit ihre tiefste Sehnsucht erfüllt wird. Diese zentrale Erwartung formuliert Kristin folgendermaßen: »*Ich möchte mich endlich aufgefangen fühlen. Ich halte das nicht mehr aus. Wann kommt er endlich zu mir?*«

Die Formulierungen »Ich möchte aufgefangen werden« oder »Ich möchte mich endlich fallen lassen« habe ich in der Beratung unzählige Male von Singlefrauen gehört, die dem hier geschilderten

Ego-Falle 2: **Suche Partner, dem ich passe!**

Typus entsprechen. Da diese Singles aber nicht aufgefangen werden, stellt sich die Frage, warum gerade derjenige Partner der Richtige sein sollte, der nicht zu haben ist?

Die beiden Erwartungen geben die Antwort. Stellen wir uns den Vorgang des Aufgefangenwerdens plastisch vor. Damit Kristin aufgefangen werden kann, muss sie sich fallen lassen, und bevor sie aufschlägt, springt der Mann herbei und fängt sie auf. Auch in der zweiten Aussage, »Wann komm er endlich zu mir?«, ist es der Mann, der die Distanz überwindet und zu ihr kommt. Den Richtigen erkennt Kristin also daran, dass er zu ihr kommt, dass er sie erobert, dass er sie auffängt und dass er sie von ihrer quälenden Sehnsucht erlöst. Er muss aktiv werden, und sie muss ihn dazu animieren. Indem er das Ersehnte tut, gibt er ihr ein Gefühl, das Gefühl, es wert zu sein, geliebt zu werden. Vom Richtigen verspricht sie sich ein enormes Selbstwertgefühl, das besonders dadurch an Wert gewinnt, dass der potenzielle Partner intensiv um sie wirbt und für sie sogar eine andere Frau oder seine Familie verlässt. Wie man sieht, muten auch Singles dieses Typs dem Gegenüber eine ganze Menge von ihrem Ego zu.

Andreas und Kristins Checklisten

Die Partner der beiden Frauen sollen
1. massiv und ausdauernd um sie werben,
2. sagen, dass sie die Frau lieben,
3. schöne Augenblicke bescheren,
4. die Frau oder die Familie verlassen oder ihren Single-Status aufgeben,
5. sich fest an sie binden,
6. kommen und sie vom Warten erlösen,
7. Selbstwertgefühl geben und dieses aufrechterhalten.

DER SINGLE ALS FALLENSTELLER

Bei genauerem Hinsehen wirken die Erwartungen dieses Single-typs gar nicht mehr so harmlos. Vor allem die Punkte 1, 4 und 7 haben es in sich. Um Punkt 1 zu erfüllen, muss ein potenzieller Partner Himmel und Hölle in Bewegung setzen und den Eindruck vermitteln, die Angebetete sei alles, was er vom Leben will. Erst dann erbarmt sie sich, und zwar »obwohl ich wusste, dass er im Grunde nicht der Richtige ist«. Punkt 4 ist auch für Partner, die in unbefriedigenden Beziehungen leben, eine harte Nuss. Oft sind Kinder da oder es bestehen enge Verflechtungen mit dem bisherigen Partner. Und ob jemand ein akzeptables Singledasein verlassen möchte, um sich dauerhaft an Punkt 7 abzuarbeiten, kann in Frage gestellt werden. Genau genommen ist die Erfüllung der in Punkt 7 genannten Erwartung an das Geben eines Selbstwertgefühls und dessen Aufrechterhaltung sogar unmöglich. Man kann niemandem ein Selbstwertgefühl geben. Man kann ihm oder ihr bestenfalls ein Fremdwertgefühl geben, aus dem er oder sie sich dann ein Selbst-wertgefühl macht.

Andreas und Kristins Strategie

Sei's drum, der Single vom Typ »Suche Partner, dem ich passe« hat diese Erwartungen und möchte sie selbstverständlich erfüllt haben. Damit stellt er seine Ego-Falle auf. Es deutet sich schon an, dass seine Motive ähnlich selbstbezogen sind wie die Motive eines Bestimmers. Allerdings vertraut dieser Single-Typ einer anderen, defensiven Strategie: der Strategie der Anpassung. Seine insgehei-me Überzeugung lautet: »Wenn ich tu, was der potenzielle Partner von mir erwartet, wird er mir geben, was ich brauche.« Dazu passt eine weitere Überzeugung, die besagt: »Damit der Richtige bei der Stange bleibt, darfst du ihn weder verärgern noch enttäuschen oder unter Druck setzen.«

Ego-Falle 2: **Suche Partner, dem ich passe!**

Wozu ist das alles gut? Um des Gefühls willens, liebenswert zu sein. Dafür ist auch Frauke, eine andere Vertreterin dieses Single-Typs bereit, einiges in Kauf zu nehmen. Ihr »Freund« lässt sie seit zwei Jahren zappeln, indem er große Versprechungen macht, die er nicht einhält. Mal ist dessen Ehefrau krank, weshalb er ihr nicht die Trennung zumuten will. Dann sind die Raten vom Haus noch nicht abbezahlt. Ein andermal sind die Kinder noch nicht groß genug … Es gibt immer einen Grund, warum er jetzt noch nicht … aber ganz bestimmt bald … für sie da sein wird. Frauke reagiert hilflos und verzweifelt. Aber sie zweifelt nicht an dem Mann, sondern an sich selbst. Wenn er nicht zu ihr kommt, dann kann das nur an ihr liegen, nicht an dem Mann, den sie idealisiert und den sie sogar in Schutz nimmt. Sie fragt sich:

»*Was stimmt mit mir nicht?*«
»*Was soll ich denn noch tun, damit er sich zu mir bekennt?*«
»*Ich kann ihn ja verstehen, es gibt viel tollere Frauen als mich.*«

Wenn es an ihr liegt, dann muss sie sich eben noch mehr Mühe geben. Wenn sie sich einmal vorwagt, dann mit leisen Vorwürfen oder zaghaften Bitten, die sie jederzeit zurückzunehmen bereit ist. Sie fürchtet den Zorn und die Abweisung des Mannes und will mehr Distanz um jeden Preis vermeiden.

In den Jahren, seit Frauke auf diesen Mann wartet, haben sie einige Nächte miteinander verbracht, wunderschöne Nächte, wie sie sagt, von denen sie mehr erleben möchte. Aber sobald sie das Thema Beziehung anschneidet, reagiert der Mann abweisend oder schroff, oder er lässt sich eine Weile nicht blicken. Dann nimmt sich Frauke sogleich zurück, um ihn nicht zu verlieren. Empfindet sie Wut? Durchaus, aber auf sich selbst, auf ihre eigene Abhängigkeit, der sie sich ausgeliefert fühlt, nicht auf den Mann. »Einmal«, erzählt sie, »bin ich geplatzt und habe ihm Vorwürfe gemacht. Danach habe ich mich wochenlang schuldig gefühlt. Ich hab mich sogar entschuldigt, so eine Angst hatte ich.«

Reaktionen auf Andrea und Kristin

Auf ihr Gegenüber machen Singles dieses Typs einen angepassten, manchmal sogar unterwürfigen Eindruck. Insgesamt vermitteln diese Singles den Eindruck von Schwäche und Abhängigkeit. In kritischen Situationen – das sind auch hier Situationen, in denen die tiefsten eigenen Erwartungen gefährdet scheinen – mucken sie nicht auf und ziehen sich nicht zurück. Vielmehr lassen sie sich viel gefallen, warten zäh und ausdauernd und machen wenig Ärger. Kurzum: Solche Singles sind tatsächlich ziemlich pflegeleicht. Man kann sich ihrer bedienen. Aber natürlich hat dieser Eindruck auch eine Kehrseite. Wer Botschaften empfängt wie »Für dich tu ich alles«, »Ohne dich kann ich nicht leben«, »Ohne dich kann ich nicht glücklich sein«, »Ohne dich bin ich nichts wert« und Ähnliches, dem kann schnell Angst und Bange werden. »Was binde ich mir da ans Bein?«, fragt sich der potenzielle Partner und: »Bin ich dieser Herkulesaufgabe gewachsen?«

Wie wirke ich?

Stellen wir also auch für diesen Single-Typ, den Andrea und Kristin verkörpern, die Schlüsselfrage misslingender Partnersuche: »Mit wem hat es mein Gegenüber zu tun?« oder »Auf wen lässt er sich nicht ein?« In den geschilderten Fällen treffen Partner nicht auf Generäle und Bestimmer, sondern auf das glatte Gegenteil davon: auf Angepasste und Mitmacher. Deren gemeinsames Merkmal ist die Beschwichtigung.

Ego-Falle 2: **Suche Partner, dem ich passe!**

Als Beschwichtiger auftreten

Schauen Sie durch die Augen eines potenziellen Partners auf die Singles dieses Typs. Was Sie hier sehen, entspricht dem Empfinden der Männer oder Frauen, die einem Beschwichtiger gegenüberstehen. Sie erkennen sofort, dass man diesem Typ eine Menge zumuten kann. Auf jeden Fall müssten Sie keine Angst haben, von dieser Figur mit etwas konfrontiert oder von ihr verlassen zu werden. Im Gegenteil: Sie haben bald das Gefühl, die Person in der Hand zu haben. Vielleicht sind Sie sich auch darüber im Klaren, dass diese Person ein Risiko darstellt. Sie könnten sich jemanden einhandeln, der anschließend an ihrem Bein klebt, der ständig einen Beweis dafür möchte, dass er liebenswert ist – und andernfalls permanent leidet.

Auch bei dieser Beschreibung muss man sich daran erinnern, dass potenzielle Partner nicht den Menschen ablehnen, sondern sein Verhalten. Schließlich gibt es sicher auch viele positive und verbindende Erlebnisse miteinander. Doch auf mehr will sich der auf Distanz bedachte potenzielle Partner, zu dem sich ein Single dieses Typs ja hingezogen fühlt,

DER SINGLE ALS FALLENSTELLER

nicht einlassen. Er ahnt oder spürt, dass ansonsten die Ego-Falle zuschnappt, und lehnt eine feste Bindung ab.

Ein Beschwichtiger beherrscht ein defensives Verhaltensspektrum, das sich im Warten, Nachgeben, Leugnen und Bemühen zeigt. Hier einige Beispiele:

Warten:
- »Ich bin für dich da, wann immer du mich brauchst.«
- »Ich freu mich, wenn du kommst.«
- »Nimm dir die Zeit, die du brauchst!«

Nachgeben:
- »Du hast ja Recht!«
- »Ich versteh dich ja!«
- »Sei mir nicht böse!«

Leugnen:
- »So hab ich das nicht gemeint.«
- »So wichtig ist mir das auch nicht.«
- »Ich komme schon klar damit.«

Bemühen:
- »Was kann ich für dich tun?«
- »Das nehme ich gern auf mich.«

Ein Beschwichtiger lässt sich im Wortsinn von der Absicht »Suche Partner, **dem ich** passe« leiten. Und da er dem Partner offensichtlich nicht passt – sonst wäre dieser ja längst zu ihm gekommen –, muss das an ihm selbst liegen. Ihm bleibt also nur, sich mehr Mühe zu ge-

Ego-Falle 2: **Suche Partner, dem ich passe!**

ben und weiter zu warten. Damit wird klar, wie ein Beschwichtiger mit seinen Bedürfnissen umgeht: Er stellt sie hinter die des Partners zurück, er stellt sich in den Hintergrund. Aber der Beschwichtiger tut das nicht aus Nächstenliebe. Sein Egozentrismus ist auf den ersten Blick nicht zu erkennen. Er stellt seine Bedürfnisse nämlich zurück, damit sie ganz und gar erfüllt werden. Er passt sich an, damit sich seine Erwartungen erfüllen.

Kommt Ihnen diese Schilderung zu extrem vor? Wie erklären Sie sich dann, dass Frauke bereit ist, drei Jahre (!) in der Warteschleife zu verbringen, obwohl sie leidet? Auch Kirstin hat erst nach einem qualvollen Jahr die »Reißleine gezogen«. Und Andrea dreht ebenfalls seit Jahren Warteschleifen.

Anpassung, die nicht funktioniert

Ein Beschwichtiger will den Partner durch Anpassung in die Beziehung locken, aber es geschieht genau das Gegenteil. Der potenzielle Partner pickt sich die Rosinen heraus und lässt sich nicht ein, weil er für das, was er bekommt, nämlich die Offenheit, keinen Preis in Form von Bindung zahlen muss. Deshalb gelingt dem Beschwichtiger keine befriedigende Beziehung: Jemand, der wartet und sich anpasst, ist nicht in Beziehung. Er setzt sich nicht auseinander und steht nicht auf Augenhöhe mit dem Partner. Er ist dem Partner kein Gegenüber. Der Beschwichtiger ist nicht in Beziehung – und deshalb bekommt er keine.

So tappt auch der Single des Typs Beschwichtiger am Ende in die eigene Ego-Falle. Er schafft es unbewusst und ungewollt, beim Partner eine Reaktion zu provozieren – eine unbestimmte Distanz und vage Nähe – mit der er aber nicht klarkommt. Irgendwann hat er dann die Nase voll und gibt dem bindungsunwilligen Gegenüber den Laufpass. Darunter leidet er dann selbst am meisten.

DER SINGLE ALS FALLENSTELLER

DIE WIRKUNG VON **VERHALTEN**

Mit »Bestimmer« und »Beschwichtiger« habe ich hier Begriffe gebraucht, die leicht zu Missverständnissen führen könnten. Um dem vorzubeugen, lassen Sie mich das erläutern.

Wenn ein suchender Single in meine Beratung kommt, möchte er erfahren, warum ihm keine Beziehung gelingt. Bei der Suche nach der Antwort orientiere ich mich eng an folgender Schlüsselfrage: »Wem begegnet mein potenzieller Partner?« oder – besser noch: »Mit wem will er nichts zu tun haben?« Ich lasse mir das Verhalten des Singles in konkreten Situationen beschreiben und weiß nach kurzer Zeit, als wer die Person dem potenziellen Partner gegenüber auftritt, beispielsweise als Bestimmer oder als Beschwichtiger. Die Begriffe »Bestimmer« und »Beschwichtiger« beschreiben aber nicht den Menschen oder die Person, sondern ihr konkretes Verhalten in emotional aufgeladenen Situationen der Beziehungsanbahnung. »Bestimmer« und »Beschwichtiger« sind Figuren und keine Personen oder Individuen (siehe Info-Kasten).

PERSON ODER FIGUR?

Eine Figur zeigt ein bestimmtes Verhalten, wodurch man sie als »Bestimmer« oder »Mitmacher« bezeichnen kann. Natürlich ist jeder Mensch viel mehr als diese eine Figur. Aber wenn jemand in bestimmten Situationen wiederholt das gleiche Verhalten zeigt, dann verdichtet es sich zum Eindruck einer Person. Man glaubt dann, der andere »sei« so. Wenn sich beispielsweise ein Mann in der Familie immer dann mutwillig und mit Druck durchsetzt, wenn es um

Die Wirkung von **Verhalten**

Entscheidungen geht, wird er als »Tyrann« gesehen. Man sagt dann, er sei ein Tyrann. Die Figur des Tyrannen beschreibt aber bei Weitem nicht den ganzen Menschen mit seinen vielfältigen Facetten, sondern sein konkretes und als problematisch erlebtes Verhalten in familiären Entscheidungssituationen. In anderen Zusammenhängen kann der gleiche Mann ein »Sanfter« oder sogar ein »Angepasster« sein.

Als eine Figur auftreten

Sobald ich mir in der Beratung ein ungefähres Bild vom Verhalten meines Single-Klienten gemacht habe, stelle ich die Schlüsselfrage: »Mit wem hat es Ihr Gegenüber zu tun?« Der Klient runzelt dann die Stirn oder schüttelt verwirrt den Kopf: »Mit wem? Mit mir natürlich!« Damit irrt er sich aber gewaltig! Es ist nicht anzunehmen, dass ein potenzieller Partner »mich« kennenlernt, also die ganze **Person**. Dazu hat er in der Anbahnungsphase kaum Gelegenheit. Er lernt eine **Figur** mit einigen spezifischen Verhaltenweisen kennen. Er lernt einen Coolen, einen Verbitterten oder eine andere Figur kennen. Und auf diese Figur reagiert er. Da das Verhalten eines suchenden Singles in Anbahnungssituationen einigermaßen stereotyp ist, weil er unter Erfolgsdruck steht, wird er für den potenziellen Partner zu einer sehr deutlich wahrnehmbaren Figur.

Bettina von Seite 36 gibt ein Beispiel hierfür. Sie telefoniert mit einem potenziellen Partner, um einen Termin für ein Treffen zu vereinbaren. Der Mann hat morgen, übermorgen und am Wochenende keine Zeit. Da wird Bettina schon ärgerlich. Und auch in der Woche darauf hat er keinen Termin frei. Da wird Bettina so sauer, dass sie ihn anschnauzt: »Dann lass es eben!« und auflegt.

Wozu diese Reaktion? Bettina war überzeugt, »der ist nicht an mir interessiert, sonst würde er sich Zeit für mich nehmen«. Aber

DER SINGLE ALS FALLENSTELLER

wem ist der Mann in diesem kurzen Telefonat begegnet? Der Person Bettina? Nein, er ist einer Figur begegnet, einem konkreten Verhalten, eben einer Bestimmerin. Bettina will den Termin bestimmen und beansprucht damit die Hoheit über seine Zeitaufteilung. Auf diese Figur reagiert der Mann, indem er sich nicht mehr meldet, denn er hat den Eindruck, es mit einer herrischen Frau zu tun zu haben. Und daran hat er kein Interesse.

Figuren provozieren Reaktionen

Wüssten Partner, dass sie in der Anbahnungsphase lediglich auf Verhalten reagieren und nicht auf den »ganzen Menschen«, dann würden sie sicher entspannter sein. Aber sie wissen es nicht, und deshalb hängt der Verlauf beginnender Beziehungen vor allem davon ab, welche Figuren auftreten und wie massiv deren Verhalten ist. Manche Figuren tauchen nur sporadisch auf, sie tragen dann Namen wie »der Schüchterne« oder »die Schnippische«. Solche Figuren verschwinden nach einer Bemerkung oder einigen Sätzen, es sind Kurzzeitfiguren, die für den Partner meist kein Problem darstellen, weil er sie kaum zu fassen bekommt und sie ihn deshalb nicht zu massiven Reaktionen verleiten. Andere Figuren sind viel bedeutsamer, sie stehen für eingespielte und wiederkehrende Verhaltensweisen. Diese Figuren bleiben länger auf der Bühne, sie spielen sozusagen Hauptrollen. Solche Langzeitfiguren erwecken den Eindruck, es mit einer Person zu tun zu haben, den Eindruck, als »sei« man so, wie das Verhalten es nahelegt.

Es kommt in der Anbahnungsphase also stark auf die Wirkung von Verhalten an. Anders ausgedrückt: Figuren provozieren Reaktionen. Und dauerhaft suchende Singles provozieren ganz eindeutig Reaktionen, mit denen sie dann allerdings schlecht klarkommen. Würde Bettina, die den Hörer aufknallt und den Mann aussortiert, weil er »nicht an mir interessiert ist«, ihn in diesem Augenblick befragen, würde der Mann ihr zustimmen. Er wäre tatsächlich nicht an ihr interessiert. Aber nicht, weil er keine Zeit für sie aufbringen wollte, sondern weil er sich nicht vorstellen kann, mit einer Bestimmerin zu leben.

Ich möchte noch einmal betonen: Mit den hier benutzten Begriffen »Bestimmer«, »Beschwichtiger« oder den jetzt folgenden sollen keine Menschen klassifiziert werden. Vielmehr möchte ich auf die Folgen hinweisen, die wiederholtes Verhalten haben kann – und darauf, dass suchende Singles Ego-Fallen aufstellen, in die sie dann selbst hineintappen. Das zeigen auch die folgenden Beispiele.

WEITERE EGO-FALLEN

Die in den vorigen Beispielen auftauchenden Figuren »Bestimmer« und »Beschwichtiger« habe ich nicht zufällig gewählt. Eigentlich habe ich sie überhaupt nicht gewählt, sondern sie haben sich mir in der Beratung aufgedrängt. Bei den zahlreichen Sitzungen mit Singles, die ich in den letzten Jahren hatte, traf ich entweder auf die eine oder die andere Verhaltensweise. Aber es gibt auch Abstufungen zwischen diesen Extremen. Diesen möchte ich mich jetzt – in aller Kürze – zuwenden.

Suche Partner, der auf mich gewartet hat

Robert ist 39 Jahre alt und schon seit geraumer Zeit auf der Suche. Doch über ein erstes Date kommt er selten hinaus, meist ist schon in der Kontaktphase Schluss. Ich lasse mir von ihm erzählen, wie er sich auf seine Verabredungen vorbereitet und was dort genau passiert. Dabei erfahre ich, dass sich Robert gewissenhaft auf ein Date vorbereitet. Er sorgt für ein »tadelloses« Äußeres und bringt

DER SINGLE ALS FALLENSTELLER

jeder Frau einen großen Strauß Blumen mit. In der Tasche trägt er ein kleines Etui mit zwei nicht gravierten Eheringen.

Roberts Erwartungen

Im Gespräch lässt er durchblicken, wozu er bereit ist und was er sich alles vorstellt. Er weiß, wo eine Heirat stattfinden soll (in einem Leuchtturm am Meer) und wo eine Hochzeitsreise hingehen soll (auf die Malediven). Er möchte zwei Kinder haben. Seine Frau braucht nicht arbeiten zu gehen, er findet, dass Kinder viel Liebe brauchen ... Diese Aufzählung seiner Vorstellungen hält er für einen »Meinungsaustausch«. Mehrmals schon hat er am Ende der ersten Verabredung das Kästchen mit den Eheringen geöffnet. Bei einer zweiten Verabredung mit einer potenziellen Partnerin brachte er zwei Gläser und eine Flasche Champagner mit. Einer Frau, die er wiederholt traf, übergab er ein Buch mit leeren Seiten mit der Bemerkung, dass dort alles aufgeschrieben wäre, was ihn an ihr stört.

Roberts Strategie

Robert macht den Frauen Angebote, von denen er glaubt, sie könnten sie nicht ablehnen. »Frauen wollen doch so etwas«, sagt er in einem Nebensatz. Seine Strategie besteht aus einer Mischung von Überredung und Überschüttung.

Roberts Eindruck auf Frauen

Obwohl er keine expliziten Forderungen stellt, macht er deutlich, wie er sich eine Beziehung vorstellt. Er tritt nicht offen als Bestimmer auf, dennoch hinterlässt er den sicheren Eindruck, eine Beziehung dominieren zu wollen. Die Frauen fühlen sich genötigt und sehen ihn als »Bedränger«. Sie reagieren teils amüsiert, teils empört – aber ernst nahm ihn bisher keine.

Weitere **Ego-Fallen**

Suche Partner, der mich auf Händen trägt

Inga ist 26 Jahre alt und hatte noch nie einen festen Freund, obwohl sich etliche Männer um sie bemühen. Allmählich macht sie sich Gedanken darüber, ob es an ihr liegen könnte. Über Männer sagt sie:

>*»Die sind zuerst interessiert, dann machen sie sich vom Acker.«*
>*»Die glauben wohl, man wäre leicht zu haben.«*
>*»Ich geb' mich eben cool, dann müssen sie sich mehr bemühen.«*
>*»Ein Mann muss mir schon was bieten.«*

Ingas Strategie

Der letzte, mit dem Inga sich traf, war auch ernsthaft interessiert. Sie hat es ihm schwer gemacht, indem sie sich »rarmachte«. Wenn sie sich trafen, hat sie ihn »zappeln lassen«. Einen Kuss auf die Wange hat sie nach dem dritten Treffen gestattet, einen Kuss auf den Mund nicht. Als der Mann sie auf ihre Zurückhaltung ansprach, gab sie ihm zur Antwort: »Glaubst du etwa, ich hätte es nötig? Bild dir nicht zu viel ein!«

Ingas Erwartungen

Welche Erwartungen werden aus den Worten und dem Verhalten Ingas deutlich? Der Partner muss sie nicht erobern, er braucht ihr nicht mit Liebesschwüren zu huldigen, aber er muss sich *bemühen*. Die Strategie, mit der sie ihre Erwartungen umsetzen will, besteht in Distanz und Verknappung. Sie füttert Männer an, lässt sie zappeln und nur ganz langsam näher kommen.

Ingas Eindruck auf Männer

Dabei macht sie einen selbstbewussten, unabhängigen, starken Eindruck. Sie tritt als »Coole« auf. In ihrer Annonce könnte stehen:

59

DER SINGLE ALS FALLENSTELLER

> ## SUCHE PARTNER ...
>
> ... der mir was bietet und
> der mich auf Händen trägt.
> Ich bin nicht so leicht zu haben,
> denn ich bin etwas ganz Besonderes.
> Aber wenn du dich anstrengst,
> hast du vielleicht Chancen.

Inga will vom potenziellen Partner überzeugt werden. Im Grunde ist sie misstrauisch und hat Angst, ausgenutzt zu werden. Aber das zeigt sie nicht, im Gegenteil, sie wirkt überheblich, so, als wäre es eine Gnade, von ihr erhört zu werden. Leider hat bisher keiner der Männer wunschgemäß auf ihr Verhalten reagiert, stattdessen machen sie sich »vom Acker«.

Suche Partner, der mich nicht enttäuscht

Die 36-jährige Tanja sieht gut aus und steht beruflich sehr gut da. Sie trifft etliche potenzielle Partner, aber sie selbst bricht den Kontakt immer wieder abrupt ab. Hier einige ihrer Aussagen:

> *»Es kommt nie über einen bestimmten Punkt hinaus.«*
> *»Es gelingt mir nicht, mich einzulassen.«*
> *»Ich glaub schon gar nicht mehr, dass ich noch einen finde.«*
> *»Ich hätte gern Kinder, das wird jetzt Zeit.«*
> *»Ich denke nicht dran, einen durchzuziehen.«*

Vor einigen Monaten hatte sie sich einem jüngeren Mann emotional genähert. Aber der hatte trotz seiner 32 Jahre noch keinen

Weitere **Ego-Fallen**

Berufsabschluss und schlug sich mit Jobs durch. Nachdem sie einige Tage und eine Nacht miteinander verbracht hatten, hat sie ihn »kurzerhand entlassen«, wie sie sich ausdrückt. Warum? »Der machte keine Anstalten, was zu werden. Den hätte ich durchziehen müssen.« Ich weise sie darauf hin, dass viele Männer ihre Frauen durchziehen und frage, ob er vielleicht der ideale Hausmann und Vater ihrer Kinder hätte sein können. »Kann sein«, sagt sie, »aber das geht mit mir gar nicht.«

Plötzlich dicht gemacht

Vor Kurzem interessierte sie sich wieder für einen Mann. Es hat gleich gefunkt. Er geht sogar dem gleichen Hobby, dem Segeln, nach, was es erleichtert, die Kontaktphase zu durchlaufen. Als er ihr ab und an sein Segelboot überlässt und ihr damit Vertrauen entgegenbringt, gelangen die beiden in die Anbahnungsphase. Auf einem Segelausflug passiert es dann. Sie sprechen unverbindlich über Lebensvorstellungen, und er sagt: »Kinder kommen für mich nicht mehr infrage, dafür fühle ich mich zu alt.« Im gleichen Moment, so beschreibt Tanja ihr Empfinden, »fielen bei mir die Schotten runter, da ging gar nichts mehr«. Sie macht dicht. Sie wechselt dann bis zum Abend kein privates Wort mehr mit dem Mann und will ihn danach nie wieder sehen. Dabei hat der Mann weder gesagt: »Ich will keine Kinder mit dir« noch hat er von ihr verlangt, auf ihre Wünsche zu verzichten. Er hat lediglich seine momentane Sicht und Gefühlslage in Bezug auf Kinder ausgedrückt. Aber das reichte Tanja, um dicht zu machen.

Ich frage Tanja, wie sie die Verbindung in solchen Momenten abbricht. Sie sagt: »Ich zieh mich dann sofort da raus.« Dieser Satz beschreibt sehr plastisch, was innerlich passiert. Obwohl gute Gefühle da sind, zieht sie sich augenblicklich aus der Beziehung zurück und begründet das so: »Das ist doch total uneffektiv, erst müssen die Basics klar sein«, »Alles andere wäre Zeitverschwendung«, »Was soll ich mit dem, wenn der keine Kinder will?« Gleichzeitig stehen ihr die Tränen in den Augen, weil sie sich – um sich rausziehen zu können – ja selbst Gewalt antun muss. Schließlich war es bis dahin sehr schön mit dem Mann gewesen.

Tanja meint, dass »die Schotten runterfielen« würde einfach so passieren und sie könnte nichts dagegen tun. Ist das wirklich so, hätte sie nichts dagegen tun können? Doch, eine Menge sogar, wie ich später zeigen werde, wenn ich unter »Wie sich alles ändert« (ab Seite 76) auf dieses Beispiel zurückkomme. Betrachten wir vorerst die Checkliste von Tanja.

Tanjas Erwartungen

Welche Erwartungen verfolgt Tanja? Ihr Wunschpartner soll

1. Kinder mit ihr wollen,
2. seine Freizeit mit ihr teilen,
3. sein eigenes Geld verdienen.

Tanja hat im Grunde nur diese drei Erwartungen formuliert. Sex, Spaß, Zärtlichkeit, Gespräche – all das ist sekundär. Nicht etwa, weil es keine Rolle spielt oder unbedeutend wäre, sondern weil zuerst die »Basics« klar sein müssen, also das Thema Geld und Kinder.

Tanjas Strategie

Um ihre Erwartungen umzusetzen, wendet sie eine Art Business-Strategie an. Sie führt die Beziehungsanbahnung wie ein Projekt durch, in dessen Verlauf sie den Partner auf Herz und Nieren prüft. Wenn er scheinbar nicht taugt, zieht sie sich augenblicklich zurück,

Weitere **Ego-Fallen**

denn alles andere wäre »Zeitverschwendung« und »ineffektiv«. Mit so einem kann sie »nichts anfangen«, den »entlässt« sie.

Tanjas Eindruck auf Männer

Kein Mann hat bisher um sie gekämpft. Keiner hat ihr gesagt, dass er gern weitermachen möchte. Wieso nicht? Weil ein Mann einer harten, misstrauischen, verbitterten Frau begegnet, die ihn »abcheckt« und auf »Tauglichkeit« prüft. Er bekommt schnell mit, dass er funktionieren soll. Wenn Tanja dann unvermittelt dicht macht und sich abwendet, sind die Männer schockiert und verletzt und denken nicht daran, um Tanja zu kämpfen. Dazu sind bisher einfach zu wenig gute Gefühle entstanden.

Suche Partner, der mich annimmt

Bisher habe ich für die Beispiele fast nur Frauen gewählt. Das liegt daran, dass vorwiegend Frauen in meine Single-Beratung kommen, weil Frauen sich eher als Männer vorstellen können, ihr Alleinsein selbst herbeizuführen. Ab und zu verirrt sich aber auch ein Mann in die Beratung. Die Themen – und die Figuren – sind dann die gleichen oder doch sehr ähnlich. Der durchschnittliche Macho ist vergleichbar mit einer Bestimmerin. Aber auch im entgegengesetzten Verhaltensspektrum, dem Pol der Anpassung, sind Männer zu finden.

Ein solcher Mann ist der 45-jährige Klaus. Er lernt über das Internet zahlreiche Frauen kennen, kommt aber nicht weiter. Inzwischen sind drei seiner Kontakte gute Freundinnen geworden, mehr ist aber nicht drin. Klaus sagt über Frauen:

> *»Ich bin sehr enttäuscht.«*
> *»Ich bin nicht wie die anderen Männer, ich kann gut zuhören.«*
> *»Es gibt nie Konflikte, die verlieren einfach das Interesse.«*

63

Gerade hat er wieder so eine Abfuhr erhalten. Die Frau traf sich wiederholt mit ihm, nach der ersten Nacht schloss sie eine Beziehung mit den Worten aus: »Du bist toll, aber irgendwie bist du mir zu lieb.« Was sie damit meint, kann er nicht richtig nachvollziehen. Ich forsche nach seinem Verhalten. Er spricht davon, die Wünsche der Frauen ernst zu nehmen, sich für sie zu interessieren und sich auf sie einzustellen. Ich frage ihn, ob er denn nie anderer Meinung sei oder andere Interessen verfolge oder ob es jemals Reibungspunkte zwischen ihm und den Frauen gäbe. Klaus antwortet: »Ich bin eher der harmonische Typ und gehe Streit lieber aus dem Weg.« Von Streit habe ich zwar nicht gesprochen, sondern von Reibung, aber seine Bemerkung zeigt, dass Klaus Streit und Disharmonie fürchtet und unbedingt vermeiden will.

Klaus' Erwartungen

Zu seinen größten Erwartungen gehört eine harmonische, konfliktfreie Beziehung. Er möchte von der Partnerin verstanden und angenommen werden. »Wie ist es mit Sex, was läuft da?«, frage ich ihn. Klaus antwortet indirekt: »Ich will nur das, was die Frau will.«

Wie kann man nur das wollen, was der andere will? Das ist absurd. Dazu müsste man selbst erwartungsfrei sein und sich erst dann, wenn man die Erwartungen des Partners erfährt, an diese dranhängen. Klaus sagt ja nicht: »Ich mache nur das, was die Frau will«, sondern er gibt vor, nichts anderes als sie zu wollen.

Klaus' Strategie

Klaus' Bemerkung weist auf seine Strategie hin. Er möchte angenommen werden, und dazu passt er sich an die Vorstellungen der potenziellen Partnerin an. Er leugnet Differenzen und tut so, als ob beide die gleichen Erwartungen hätten.

Klaus' Eindruck auf Frauen

Gutmütig ausgedrückt macht er einen »lieben« Eindruck, klar ausgedrückt erscheint er den Frauen als »Diener«, als jemand, der sich unterordnet, um Anerkennung und Liebe zu bekommen. An einem Diener scheinen die Frauen, für die er sich interessiert, aber kein Interesse zu haben.

Suche leidenschaftlichen Partner, der mich entlastet

Die 42-jährige Marie ist beruflich selbstständig, erfolgreich und hat überhaupt keine Probleme, Männer kennenzulernen. Sie ist attraktiv und kontaktfreudig und hat oft leidenschaftliche Begegnungen, darunter etliche mit jüngeren Männern. Nur ihre größte Sehnsucht, die nach einer Partnerschaft, erfüllt sich nicht. Sie sagt: »Entweder klappt es im Bett, dann taugen sie nichts für den Alltag, oder sie sind nett, aber dann taugen sie nichts im Bett. Gibt es denn keinen, mit dem beides klappt? Ich bin total frustriert!«

Maries Erwartungen

Ich will von ihr erfahren, welche Männer sie toll findet. Marie beschreibt einerseits knackige, gut aussehende und »standfeste« Männer. Die sind toll fürs Bett. Dann erzählt sie von einem Urlaub in Russland. Dort hat sie Männer getroffen, die ihr die Tür aufhielten und ihr nicht erlaubten, den schweren Koffer zu tragen, weil sie »eine Frau« sei. Marie fand das »wunderbar«, sie musste sich »überhaupt nicht anstrengen«.

Ich frage sie weiter aus, um ihre Erwartungen zu erfahren. Warum habe sie mit keinem der Russen eine Beziehung angefangen? »Geld muss er schon haben«, war ihre Antwort, »das waren alles arme Schlucker.« Und warum muss er Geld haben? »Sonst muss ich ihn aushalten, und dann muss ich noch mehr arbeiten.« Sie sagt, sie wolle endlich die Last des ständigen Geld-verdienen-Müssens loswerden und im Leben »loslassen« können. Allmählich werden ihre Erwartungen deutlicher. Maries Partner soll

1. attraktiv sein,
2. gut im Bett sein,
3. zuvorkommend sein,
4. ihr das Geldverdienen (weitgehend) abnehmen,
5. wohlhabend sein,
6. sie im Leben entlasten.

Offenbar sucht Marie eine eierlegende Wollmilchsau, aber das soll es ja geben. Viele Paare berichten davon, das miteinander zu haben, was sich Marie wünscht. Auch Marie hatte bis vor einem Monat einen potenziellen Partner, mit dem es »beinahe geklappt« hätte. Was ist geschehen? Der Mann war einige Jahre älter und sehr wohlhabend. Im Bett klappte es einigermaßen, aber er wollte sich nicht binden, zumindest jetzt noch nicht. Marie hatte großes Verständnis und empfahl ihm eine Therapie, damit er seine »irrationalen Ängste« bearbeiten könne. Weil er etwas kurzatmig ist, legte sie ihm Sport nahe, und weil er manchmal im Bett »zu schnell ist« gab sie ihm ein Tantra-Buch. Sie war der Meinung, dass er »mehr an sich arbeiten« solle.

Maries Strategie und ihr Eindruck auf Männer

Hier deutet sich die Strategie an, mit der sie ihre Erwartungen durchsetzen will. Marie tritt nicht offen als Bestimmerin auf, sondern als Helferin und Be-Lehrerin. Aber sie arbeitet an seiner Veränderung, um ihn passend zu machen. Der Mann spürt, was auf ihn zukommt – und macht dicht. Auch hier hat die Ego-Falle bei ihrem Aufsteller zugeschnappt. Marie hat eine Passung verhindert, indem sie sie herstellen wollte.

ENDSTATION SEHNSUCHT

Bisher habe ich suchende Singles durch die Kontakt- und die Anbahnungsphase zu dem Punkt begleitet, an dem potenzielle Partner aussortiert werden. Fatalerweise geraten Singles im Lauf ihrer Suche immer schneller an diesen Punkt. Irgendwann genügt ein kurzes Treffen oder sogar ein Telefonat, um scheinbar sicher zu wissen: »Der/die ist es auch nicht.« Mit dem Frust und der Verzweiflung nimmt der verhängnisvolle Druck zu, sofort einen Partner zu finden. Die Endstation heißt jedes Mal: Sehnsucht.

An der Endstation fährt der Zug nicht weiter. Wer hier weg will, für den gibt es keinen Weg nach vorn. Dem bleibt nur, sich umzudrehen und in die Richtung zu schauen, aus der er gekommen ist. Er muss ein Stück zurück. Dabei kann er herausfinden, wie er an diesen Ort gelangt ist, welche Strategien und Verhaltensweisen ihn zur Endstation gebracht haben.

Dauerhaft suchende Singles scheitern nicht, weil es für sie keinen Partner gibt oder weil niemand sie will. Sie scheitern, weil sie Partner vor den Schnellrichter zerren und Ego-Fallen aufstellen. Sie scheitern, weil sie ihre Erwartungen mit Druck und Strategie, mit List und Tücke durchsetzen wollen, und das umfassend und sofort. Sie scheitern, weil sie krampfhaft versuchen, dass es mit dem potenziellen Partner funkt und passt.

Ein grundlegender Fehler suchender Singles ist zu glauben, sie hätten den anderen Menschen kennengelernt. Dabei ist alles, was sie kennenlernen, dessen Reaktion auf ihr eigenes Verhalten. Ohne es zu wollen provozieren suchende Singles beim Gegenüber Reaktionen, die ihre Erwartungen enttäuschen. Das gilt für Bestimmer und Beschwichtiger, für Coole und Verbitterte, für Bedränger und Diener, für Be-Lehrer und alle anderen Verhaltensweisen, die irgendwo zwischen Dominanz und Unterwerfung angesiedelt sind.

Gleichgültig, ob sie ihre Erwartungen in Bestimmer-Manier über die Bedürfnisse des Partners stellen, oder ob sie in Beschwichtiger-Manier dessen scheinbaren Erwartungen gerecht werden wollen oder ob sie eine weniger extreme Strategie anwenden – sie sind in erster Linie mit sich selbst befasst, damit, ihre Erwartungen durchzusetzen. Erst in zweiter Linie befassen sie sich mit dem Partner. Mit anderen Worten: Dauerhaft suchende Singles scheitern, weil sie nicht in Beziehung sind. Die Lösung lautet also: Wenn du eine Beziehung willst, beziehe dich. Sei in Beziehung!

Eine Lösung taucht auf

Um in Beziehung zu sein, muss man sich auf den potenziellen Partner beziehen, und zwar plan- und ziellos. Das ist der eigentliche Beziehungstrick! Dazu muss der fatale Druck, »sofort alles finden« zu wollen, aufgelöst werden. Wem es gelingt, sich auf eine ziellose Weise auf sein Gegenüber zu beziehen, der findet auch einen Partner, das ist meine feste Überzeugung. Vielleicht gelingt das nicht beim ersten Versuch und vielleicht auch nicht beim zweiten. Aber ganz sicher auf Dauer.

Wird der Beziehungstrick angewendet, verändert sich nämlich alles. Es verändern sich scheinbar unveränderbare Gefühle, es verändern sich Deutungen, es verändern sich die Reaktionen auf den potenziellen Partner und es verändert sich der Eindruck, den man auf ihn macht. Und dann nehmen der Kontakt und die Beziehungsanbahnung meist einen völlig anderen Verlauf. Die Lösung für suchende Singles heißt also schlicht und einfach: Bezogenheit. Und darum geht es in den folgenden Kapiteln.

Im Zeitraffer

- Partner begegnen in der Anbahnungsphase nicht Personen, sondern werden mit Verhalten konfrontiert. Daher reagieren sie auch nicht auf die Person des Gegenübers, sondern auf eine Figur, also auf ein bestimmtes Verhalten und die darin liegenden Erwartungen.
- Die Beziehungsanbahnung ist sozusagen ein mit Erwartungen und Ego-Fallen vermintes Gebiet.
- Eine Ego-Falle ist eine Verhaltensweise, mit der Erwartungen durchgesetzt werden sollen. In der Anbahnungsphase führen Ego-Fallen dazu, dass Passung verhindert wird.
- Es lassen sich zwei extreme Verhaltensweisen oder Figuren identifizieren: Bestimmer und Beschwichtiger.
- Ein Bestimmer stellt seine Bedürfnisse in den Vordergrund, er stellt sie vor die Bedürfnisse des potenziellen Partners.
- Ein Beschwichtiger tut (fast) alles, um geliebt zu werden.
- Der Bestimmer, der Beschwichtiger und andere Fallensteller sind nicht in Beziehung – und deshalb haben sie keine!
- Der Fallensteller fängt sich in seiner eigenen Falle, er ruft Reaktionen hervor, die er nicht beabsichtigt.
- Allein bleiben ist das Ergebnis des mutwilligen Versuchs, Erwartungen unabhängig vom Partner oder gegen ihn durchzusetzen. Die Lösung scheint einfach: Man muss in Beziehung sein!

69

Den Beziehungstrick anwenden

An der Endstation Sehnsucht suchen Partner in hilflosen Erklärungen Trost. Der eine ist davon überzeugt, dass die guten Partner alle schon vergeben sind und nur noch »Schrott« auf dem Markt herumläuft. Ein anderer meint, dem passenden Partner unerklärlicherweise noch nicht begegnet zu sein, und fürchtet, ihm womöglich nie zu begegnen. Beide Überzeugungen gehen vom Konzept der Knappheit aus, also davon, dass es nicht genug gute und nicht genug passende Partner gebe. Doch die Knappheitsthese ist leicht zu widerlegen. Denn auch dort, wo Menschen in kleinen Gruppen leben, in Dörfern oder in abgeschnittenen Gegenden, finden Männer und Frauen zueinander – und das trotz einer sehr begrenzten Auswahl an möglichen Partnern. Passung muss also nicht bereits vor einer Beziehung vorhanden sein, und sie ergibt sich auch nicht aus der richtigen Auswahl aus einem großen Angebot.

WIE PASSUNG ENTSTEHT

Um in Beziehung zu kommen, muss ein suchender Single als Erstes mit dem Mythos aufräumen, dass es mit einem potenziellen Partner von Anfang an passen müsste. Das ist nicht so! Passung ist keine Voraussetzung für eine Beziehung, sondern sie ergibt sich fast immer erst in deren Verlauf. Allerdings lässt sich Passung effektiv verhindern, wenn man sie erzwingen will und sich dazu der Verhaltensweisen und Strategien von Figuren wie Bestimmer, Beschwichtiger, Cooler, Diener, Be-Lehrer und so weiter bedient. Das haben Sie im letzten Kapitel erfahren können.

Nun könnte man einwenden, dass es zahlreiche Beziehungen gibt, in denen Partner im Gewand solcher Figuren auftreten, und dass diese Beziehungen oft jahrelang oder ein Leben lang halten. Das stimmt zweifellos. Die Frage ist nur, ob diese Partner bereits beim

DEN BEZIEHUNGSTRICK ANWENDEN

Aufbau ihrer Beziehung der Losung »Es muss funken und passen
– und zwar beides sofort!« gefolgt sind. Ich würde das bezweifeln.
Denn der Versuch, Funken und Passung gleichzeitig zu haben,
gleicht einem Sprung ins kalte Wasser. Das Wasser muss aber erst
warm oder heiß sein, bevor sich Partner darin wohl fühlen. Anders
gesagt: Wer eine Beziehung haben will, bevor sich warme und vertraute Gefühle eingestellt haben, wird keine Passung erleben, sondern es in den meisten Fällen unmöglich machen, sie zu erreichen.

Die meisten Menschen stellen sich vor, dass zwei Menschen
dann zusammenpassen, wenn sie quasi füreinander bestimmt
sind. Sie begegnen sich dann zufällig oder durch innere Weisung
oder schicksalhafte Fügung. Diese Vorstellung von Passung führt
zwangsläufig in die verkrampfte Suche nach »dem Richtigen«.
Irgendwo da draußen, davon sind viele Suchende überzeugt, läuft
der passende Schlüssel zum Schloss, der Seelenverwandte, der ideale
Partner herum. Paare, die »den Richtigen« gefunden haben, haben
entweder riesiges Glück gehabt oder sie sind von Gott gesegnet.

Das alles ist, um es klar zu sagen, ziemlicher Unsinn. Passung ist
weder vom lieben Gott gemacht noch in den Genen angelegt. Zu
Beginn einer Beziehung ist Passung lediglich ein Eindruck – und
mit der Zeit nichts anderes als ein aufeinander abgestimmtes Verhalten. Betrachten wir also, wie Passung entsteht.

DIE GNADE DER BLINDHEIT

Beziehungen, die nicht unter dem Druck sofortiger Passung stehen,
gehen eher junge Leute ein, die quasi naiv und von negativen Erfahrungen ziemlich unbelastet aufeinander zugehen. Sie begegnen sich
wie alle Paare in der Sympathiephase, und wenn es funkt, halten sie
den Kontakt aufrecht. Es funkt oft zwischen jungen Leuten. Sich

Die Gnade der **Blindheit**

zu verlieben stellt noch kein Problem dar, »es erwischt« einen oder man »fällt hinein«, wie es das englische »falling in love« so plastisch beschreibt. Aber: Um sich verlieben zu können, müssen die zwei auf einem Auge blind sein oder eine rosarote Brille aufsetzen. Denn dann können sie sich auf das Verbindende konzentrieren und das Störende außer Acht lassen: Verliebte sehen nur den schönen Mund und übersehen den Pickel daneben. Sie betören sich am Duft des Geliebten und sehen über dessen weiße Socken und sprachlichen Akzent hinweg. Verliebte idealisieren scham- und hemmungslos. In diesem Zustand ist alles gut, alles schön und alles perfekt. Und: Verliebte zerren den anderen nicht vor den Schnellrichter und locken ihn nicht in Ego-Fallen, sie heben ihn stattdessen auf einen Thron – Liebe macht eben blind.

Starke emotionale Bindung

Diese Blindheit von Verliebten hat eine wichtige Funktion. Denn würden Partner von Anfang an Störendes in ihre Betrachtung mit einbeziehen, würden sich starke und verbindende Gefühle gar nicht erst aufbauen. Klarsichtigkeit hätte zur Konsequenz, dass es nicht zu Liebesbeziehungen kommen würde, jedenfalls nicht zu derart intensiven und gefühlsbetonten Beziehungen, wie sie heute von den meisten Menschen gewünscht werden. Man kann deshalb ohne Übertreibung von der Gnade der Blindheit sprechen. Hat es zwei erst einmal erwischt, dann stecken sie in einem schönen Schlamassel. Denn Verliebtheit bindet Partner derart fest aneinander, dass sie nicht voneinander loskommen – selbst dann, wenn sie es wollen.

Wenn sie eine Weile zusammen sind, kommen auch junge Verliebte in die Anbahnungsphase. Doch auch dann unterscheidet sich ihr Verhalten noch gehörig von dem suchender Singles. Während Letztere zügig überprüfen, ob es passt, stellt das für unschuldig Verliebte in der Regel ein Tabu dar. Sie machen in den ersten Monaten, manchmal noch wesentlich länger, einen großen Bogen um den Alltag. Sie schmieden nicht sofort konkrete Pläne, sie ziehen nicht sofort zusammen, sie nehmen nicht sofort einen gemeinsamen Kredit auf und planen nicht gleich gemeinsame Kinder. Sie gehen respektvoll mit Unterschiedlichkeit um. Die Alltagstauglichkeit des Partners, seine Passung für ein gemeinsames Leben, wird erst nach und nach und sehr vorsichtig überprüft, beispielsweise, indem einer von Kindern oder einem eigenen Haus schwärmt und dann die Reaktion des anderen beobachtet.

Verliebte bewegen sich wie auf dünnem Eis: Sie prüfen Schritt für Schritt dessen Tragfähigkeit. Sollte sich das Eis schließlich als stark und tragfähig erweisen, weil sich gemeinsame Träume und Lebensvorstellungen zeigen und vieles zusammenpasst, ist diese Passung selten vollständig. Manches kommt zusammen, anderes nicht. Aber die starke emotionale Bindung ermöglicht es, Unterschiede auszuhalten. Zwar sind Konflikte und Auseinandersetzungen im Lauf der Beziehungsanbahnung unvermeidbar, aber da sie sich auf die gemeinsame Liebe stützen, raufen sich die Partner buchstäblich zusammen. Sie stellen ihr Verhalten derart aufeinander ab, dass es irgendwie für beide passt.

Der Eindruck von Passung

Passung ist also auch bei stark Verliebten nicht von Anfang an da, sondern entsteht erst im Lauf einer Beziehung. Von Anfang an da ist lediglich der starke **Eindruck**, dass es passt, und der ergibt sich aus einer gehörigen Portion Blindheit. Ein eindrucksvolles Beispiel hierfür begegnete mir in einer Fortbildung, die ich für Paarberater durchführe. Eine bis über beide Ohren verliebte Teilnehmerin erzählte mir, sie sei zwar erst zwei Monate mit ihrem Partner zusammen, aber bei ihnen würde alles stimmen, es würde einfach alles passen. Wie konnte sie das wissen? Ich fragte sie, ob sie den Alltag miteinander teilen? Nein, aber demnächst würden sie in eine Wohnung ziehen. Ob sie gemeinsame Kasse machen? Nein, aber das ginge bestimmt. Ob sie Kinder miteinander hätten? Nein, aber das käme bestimmt. Ob sie ähnliche Ansichten und Lebenspläne hätten? Das spiele jetzt keine Rolle.

Das stimmt, die Frau hat Recht, all das spielt jetzt keine Rolle, aber später tut es das garantiert. Dennoch war und blieb die Frau fest von der perfekten Passung überzeugt. Woher nahm sie diese Sicherheit? Aus ihren Gefühlen. Passung ist zu Beginn nämlich nichts weiter als ein starker und sinnvoller emotionaler Eindruck, der es im günstigen Fall ermöglicht, im Lauf der Zeit sein Verhalten aufeinander abzustimmen.

Genügend Bindung entwickeln

Damit will ich keineswegs behaupten, jeder Mensch könne zu jedem anderen eine Passung erreichen. Dazu müsste er sich zuerst verlieben, und das kann er nicht willkürlich tun. Die Gnade der Blindheit wird ihm von seinen unerfüllten Bedürfnissen und Sehnsüchten, von seinem Unbewussten, geschenkt. Das Unbewusste sucht den Liebespartner aus. Wenn sich zwei ineinander verliebt haben, dann stehen die Chancen gut, dass sie ihr Verhalten im Lauf der Beziehung so aufeinander abstimmen, dass der Eindruck von Passung oder von genügender Passung erhalten bleibt.

Liebe ist alles andere als ein Zufall. Liebe erscheint den Verliebten zwar als Zufall. Aber dahinter stehen drängende Bedürfnisse, die für die nötige Blindheit sorgen, dafür, dass Störendes so lange ausgeblendet wird, bis genug Bindung vorhanden ist, um das Störende auszuhalten oder irgendwie damit umzugehen.

DEN BEZIEHUNGSTRICK ANWENDEN

WIE SICH ALLES ÄNDERT

Im vorigen Abschnitt wurde deutlich, wie sich unschuldige Menschen ineinander verlieben, sich einbilden, dass es passen würde und auf diese Weise nach und nach Passung erreichen. Aber wie sollen dauerhaft suchende Singles, die alles andere als unschuldig sind, vielmehr voller drängender Erwartungen, Sehnsüchte, Enttäuschungen und manchmal Schmerzen, wie sollen sie es schaffen, vergleichbar starke Gefühle aufzubauen? Wie können sie die Urteile des Schnellgerichts aufheben und Ego-Fallen abbauen? Wie können sie den Druck des »Alles sofort finden, ohne zu suchen« auflösen? Woher sollen sie die nötige Portion Blindheit nehmen, die es ihnen ermöglichen würde, über Trennendes hinwegzusehen?

Schließlich passiert das Aussortieren wie von selbst, sobald das Schnellgericht einberufen oder die Ego-Falle aufgestellt ist. Dann übernehmen die Emotionen das Ruder, der suchende Single zieht sich zurück, wendet sich ab, macht dicht, baut eine Mauer auf, lässt die Schotten runter, schlägt zu oder ergreift die Flucht. Solche Emotionen und die damit verbundenen Erfahrungen der Vergangenheit verhindern die Gnade der Blindheit.

Die Frage lautet also: Wenn ein suchender Single nicht mehr über die Gnade der Blindheit verfügt, wenn stattdessen seine Reaktionen emotional bestimmt werden, wie kann er diese Gefühle ändern? Wie kann er seine Urteile revidieren? Wie beeinflusst er seine eigenen Reaktionen? Das sind wichtige Fragen, die ich an einigen Beispielen erläutern möchte.

In Kontakt bleiben

Stellen Sie sich vor, Sie sind verheiratet und Ihr Ehemann kommt mit Lippenstift am Mundwinkel nach Hause. Augenblicklich werden Sie misstrauisch oder ärgerlich oder wütend. Sie gehören zu den offensiven Strategen und stellen ihn sofort zur Rede. Ihr Mann versichert Ihnen nun glaubhaft (er nennt ihnen Zeugen), dass vor ihm auf offener Straße eine Frau zusammengebrochen ist. Er hat sie mit Mund-zu-Mund-Beatmung zurück ins Leben geholt. Sie beruhigen sich etwas, zweifeln aber noch an dieser merkwürdigen Story. Sie rufen im Krankenhaus an und die Geschichte bestätigt sich. Dadurch verändert sich Ihr Gefühl weiter, sie fühlen jetzt sogar eine gewisse Anerkennung für ihn. Aber die Frau könnte jung und schön gewesen sein, und er könnte die Beatmung wie einen Kuss genossen haben. Sie werden wieder unruhig. In den TV-Nachrichten sehen Sie dann das Foto der Dame – es handelt sich um eine 73-jährige Rentnerin. Nun sind Sie voller Bewunderung und Stolz, die Liebe zu Ihrem Mann kehrt zurück. Alle Gefühle haben sich geändert.

Was wäre geschehen, wenn Sie Ihren Mann vor das Schnellgericht gezerrt hätten? Oder wenn Sie ihm mit Ihrer Wut oder Ihren Ängsten eine Ego-Falle gestellt hätten? Ihre Beziehung hätte Schaden genommen. Allein deshalb, weil Sie in Kontakt geblieben sind und sich weiter auf Ihren Mann bezogen haben, ist die Sache gut gegangen. Also nur aus einem einzigen Grund ist Ihre Ehe nicht in eine Krise geraten: weil Sie auf den Menschen gegenüber, Ihren Ehemann, bezogen blieben.

Eine Beziehung herstellen

Wie Bezogenheit alles verändern kann, zeigt ein Beispiel aus einem ganz anderen Zusammenhang: Es handelt sich um eine wahre Begebenheit, die sich vor einiger Zeit in den USA zugetragen hat. Ein gewohnheitsmäßiger Räuber betrat einen Laden und bedrohte die Verkäuferin mit einer Pistole. Die Verkäuferin erschrak natürlich, verwickelte den Räuber aber, um ihn abzulenken, in ein Gespräch

DEN BEZIEHUNGSTRICK ANWENDEN

über Jesus. Beide stellten fest, den gleichen Pastor zu kennen, und die Verkäuferin fragte den Räuber über sein Leben und seine Familie aus. Schließlich forderte der Mann das Geld aus der Kasse, worauf sie ihm mitteilte, dass ihr das Geld vom Lohn abgezogen würde. »Dann lass ich es«, antwortete der Räuber und ging. Auch in diesem Fall hat die Bezogenheit der Verkäuferin alles verändert.

Wie ist das möglich? Ganz einfach: zwischen der Verkäuferin und dem Räuber ist eine Beziehung entstanden, die zwar nicht eng ist und auch erst kurz besteht. Dennoch verändert sie das Urteil über den anderen, die Deutung der Ereignisse, die Reaktion der Beteiligten und deren Gefühle. Die Kriminalistik kennt dieses Phänomen auch von Entführungsfällen her. Wenn es Entführungsopfern gelingt, eine Beziehung zu ihren Kidnappern aufzubauen, erhöhen sich ihre Überlebenschancen enorm, weil sie einen »Beziehungstrick« anwenden, der den Entführer verändert.

Einen Trick anwenden

Wie funktioniert solch ein Beziehungstrick? Wenn sich zwei Menschen aufeinander beziehen, treffen sich zwei Deutungen, zwei Gefühlswelten und zwei Sichtweisen. Der Schnellrichter und der selbstbezogene Ego-Fallensteller haben nur sich selbst im Blick, in ihre Reaktionen fließen nur die aus ihrer Sicht schlüssigen Informationen ein. Wenn man sich aber auf sein Gegenüber bezieht, kommen weitere, unerwartete, oft irritierende oder verblüffende Informationen hinzu – und dann ändert sich alles, auch und vor allem die emotionalen Reaktionen. Die Information, dass eine gering verdienende Verkäuferin einen Teil ihres Lohnes verlieren wird, ändert für den Räuber alles. Wer sich auf einen anderen Menschen bezieht, kann nicht starr an seiner eigenen Sicht- und Fühlweise festhalten. Bei ihm wirkt der Beziehungstrick.

Wie sich alles **ändert**

Das Schnellgericht auflösen

Damit ist die Frage, wie sich selbst festgefahrene Gefühle und starre Einschätzungen ändern lassen, theoretisch beantwortet. Sehen wir uns den Beziehungstrick nun an Beispielen aus dem Bereich der Beziehungsanbahnung an, etwa wie durch den Bezug auf das Gegenüber das Urteil eines Schnellgerichts aufgehoben werden kann.

Sie erinnern sich an Tanja von Seite 60. Tanja hatte auf einem Segelausflug erfahren, dass sich ihr potenzieller Partner zu alt dafür hält, Kinder zu bekommen. Als er sagte, er könne sich in seinem Leben keine Kinder mehr vorstellen, gingen bei Tanja schlagartig »alle Schotten runter«, sie machte dicht und sah den Mann nie wieder. Tanja ist noch immer schockiert und verbittert. Wie könnte sie diese Gefühle in einer solchen Situation verändern? Meine Fragen an Tanja, die ich ihr in der Beratung stellte, weisen auf solche Möglichkeiten hin:

*»Hat er gesagt, dass er nie Kinder **mit Ihnen** möchte?« – »Nein.«*

»Haben Sie ihn gefragt, was denn wäre, wenn er eine Frau sehr lieben würde?« – »Nein.«

»Haben Sie ihm gesagt, das klänge hart oder verbittert oder ängstlich, und ihn gefragt, was ihn zu seiner Aussage brächte?« – »Nein.«

»Haben Sie vielleicht gelacht und eine humorvolle Bemerkung gemacht wie ,Kinder sind furchtbar', um mehr von seinen Vorbehalten zu erfahren?« – »Nein.«

Haben Sie ihm gesagt, dass Sie enttäuscht sind, weil Sie sich Kinder mit ihm durchaus hätten vorstellen können?« – »Nein.«

Das alles und anderes mehr hat sie nicht getan, sie hat keinen Beziehungstrick angewendet. Stattdessen hat sie die Beziehung abgebrochen und so ihre Verbitterung konserviert.

DEN BEZIEHUNGSTRICK ANWENDEN

Bezogen bleiben

Wenn sie weiterhin bei jeder Enttäuschung und Verletzung dicht macht, wird ihr keine Beziehung mehr gelingen. Denn dass sie einen Partner treffen würde, der auf Anhieb sämtliche Erwartungen erfüllt und der nie eine Hoffnung enttäuscht, davon ist nicht auszugehen, zumal sie ihr Urteil schnell und unwiderruflich fällt. Mit jeder der von mir oben gestellten und anderen Fragen wäre sie hingegen in Beziehung zu dem Mann geblieben. Ob sich diese Beziehung lange gehalten hätte, ob sie nach Tagen sowieso geendet hätte, ob sich die beiden tiefer ineinander verliebt hätten, ob der Mann seine Einstellung daraufhin verändert hätte – all das bleibt offen. Nur eines steht mit Sicherheit fest: Durch ihr Schnellgerichtsurteil »Weg mit ihm!« und das augenblickliche Zurückziehen aus der Beziehung war alles sofort vorbei.

Tanja hätte also eine Menge tun können, um ihre Gefühle und Reaktionen zu verändern. Nur eines wäre ihr nicht möglich gewesen: ihre Erwartungen aufzugeben. Das ist auch nicht nötig. In Beziehung zu sein bedeutet nicht, sich zu verstellen. Sie will Kinder. Ob sich an dieser Sehnsucht etwas ändert, wird sich ebenfalls erst im Verlauf einer Beziehung herausstellen. Denkbar wäre, dass ihr die Liebe zu einem Mann, der keine Kinder möchte, wichtiger wäre als eine Familie – und sie den Wunsch deshalb aufgibt. Denkbar wäre auch, dass sie eine Beziehung zu einem Mann aufbaut, bei dem sich später herausstellt, dass er keine Kinder bekommen kann. Oder etwas anderes ergibt sich, das ihre Sehnsüchte verändert, beispielsweise wenn sie selbst krank würde … oder auf der Karriereleiter weiter nach oben stiege … alles Mögliche kann geschehen, das Leben ist unvorhersehbar. Nur was geschieht, wenn sich Tanja bei enttäuschten Erwartungen weiterhin aus einer Beziehung zurückzieht, das ist vorhersehbar. Sie wird auf der Endstation Sehnsucht landen.

Der Beziehungstrick sagt also nicht: Halte deine Wünsche und Erwartungen zurück oder gib sie auf. Kein suchender Single könnte das. Sie sind da, sie sind im Lauf eines Lebens entstanden und sie spielen eine wichtige Rolle. Aber eine Beziehungsanbahnung funktioniert eben auch nicht, wenn man Partner entsprechend der Checkliste eigener Erwartungen per Schnellurteil aussortiert. Man kann Erwartungen dem Partner gegenüber auch nicht mutwillig durchsetzen, wie das durch die Ego-Falle geschieht. Man kann aber etwas anderes tun: seine Erwartungen, Empfindungen, Eindrücke, Gedanken oder auch Hoffnungen, Ängste und Sehnsüchte vorsichtig in die Mitte legen. Animiert dadurch wird der potenzielle Partner das Gleiche tun. So entsteht eine Bezogenheit, die neue Informationen hervorbringt und alles verändern kann.

Ego-Fallen abbauen

Wie das folgende Beispiel aus meiner Beratungspraxis zeigt, lassen sich durch den Beziehungstrick nicht nur Schnellgerichte auflösen, sondern auch Ego-Fallen abbauen.

Zwischen Brigitte und einem Mann hat es gefunkt. Nach einigen Treffen haben sie eine »wunderschöne« Nacht miteinander verbracht. Am Morgen danach ist die Stimmung am Frühstückstisch etwas verkrampft, beide sind verunsichert und keiner mag so recht sprechen. Aber Brigitte hofft seit Langem, einen einfühlsamen und rücksichtsvollen Mann kennenzulernen, und dieser scheint zu jenen seltenen Exemplaren zu gehören. Doch dann steckt er sich eine Zigarette an und bläst »mir den Rauch mehrmals ins Gesicht«. Brigitte ist irritiert, fällt aber nicht sofort ein Urteil. Sie geht nach Hause und grübelt über die Sache nach. Sie kann sein

DEN BEZIEHUNGSTRICK ANWENDEN

Verhalten nicht einordnen, aber es passt überhaupt nicht zu ihren Erwartungen. Einfühlsam fand sie das, was er getan hat, nicht, und rücksichtsvoll schon gar nicht. Irgendeine Bedeutung muss es aber haben. Nachdem sie einige Tage gegrübelt und sich mit einigen Freundinnen beraten hat, kommt sie zu dem Schluss, dass sein Verhalten nur eines bedeuten kann: »Er wollte mich loswerden!«

Damit ist die Ego-Falle zugeschnappt, die ja im Abgleichen von Erwartungen mit den Ereignissen und einer darauf beruhenden Reaktion besteht. Brigittes Stolz ist verletzt und der lässt nicht zu, dass sie sich bei ihm meldet und auf seinen Anruf, den sie auf dem Anrufbeantworter findet, antwortet. Nach einigen Wochen trifft sie den Mann zufällig in einer Gaststätte, sie ignorieren beide die Sendepause und landen wieder im Bett. Wieder ist es wunderschön – aber wieder steckt er sich eine Zigarette an, diesmal nicht nach, sondern schon während des Frühstücks. Brigitte ist empört und sich völlig sicher: »Der will nur ins Bett mit mir, danach will er mich loswerden.«

Nach den Gründen suchen

Nach diesem Vorfall ist drei Monate lang Funkstille. In der Beratung erzählt sie den Vorfall, woraufhin ich sie auffordere, den Mann zu kontaktieren und ihn zu befragen. Schließlich nimmt sie sich ein Herz und trifft ihn. Zwar traut sie sich nicht offen zu fragen, ob er sie loswerden wollte, aber sie fragt ihn: »Warum ging das mit uns eigentlich nicht weiter?« Der Mann antwortet: »Du warst ja immer gleich weg.« Brigitte ist schockiert, ihr fehlen die Worte.

Der Vorfall ist in der Tat auf eine Weise schockierend. Brigitte hätte gern weitergemacht, der Mann hätte gern weitergemacht –

aber keiner von beiden war in der Lage, in Beziehung zum anderen zu bleiben. Jeder hat eigene Erwartungen enttäuscht gesehen und aufgrund dieser Gefühlslage mit Rückzug reagiert. Dabei wäre es für Brigitte einfach gewesen sich zu vergewissern, indem sie ihn beispielsweise gefragt hätte:

- »Bedeutet dein Rauchen eigentlich, dass du mich loswerden willst?«
- »Bedeutet dein Rauchen, dass du jetzt (heute Morgen) allein sein willst?«
- »Dein Rauchen gibt mir das Gefühl, du willst mich loswerden!«
- »Ich weiß nicht recht, wie ich es verstehen soll, dass du mir Rauch ins Gesicht bläst …«

Nicht vorschnell aussteigen

Zahllose andere Fragen oder Mitteilungen sind denkbar, die alle dem einen Zweck gedient hätten: aufeinander bezogen zu bleiben. Natürlich ist es nicht immer einfach, über den Schatten sich spontan einstellender Gefühle zu springen und trotzdem in Beziehung zu bleiben. Aber: Wer hat suchenden Singles eigentlich eingeredet, dass Beziehungen einfach wären?

Beziehungen sind ganz im Gegenteil immer wieder kompliziert, immer wieder anstrengend, sie bescheren beiden Seiten immer wieder Verletzungen und Enttäuschungen. Aber all das ist kein Grund, vorzeitig aus ihnen auszusteigen. Vielmehr hilft es, sich das Thema »Beziehung« genauer anzusehen. Was genau ist eigentlich eine Beziehung und wie kann man die Bezogenheit auch in schwierigen Momenten aufrechterhalten? Dazu erfahren Sie mehr auf den folgenden Seiten.

DEN BEZIEHUNGSTRICK ANWENDEN

WANN IST MAN IN BEZIEHUNG,
WANN NICHT?

Es gibt unterschiedliche Definitionen davon, was eine Beziehung ist. Für mich stellt sich das recht einfach dar: Eine Beziehung ist die Geschichte gegenseitiger Reaktionen aufeinander. Diese Definition sagt nichts über die Qualität oder Dauer einer Beziehung aus, und sie erfasst sowohl sehr kurze als auch lebenslange Beziehungen, ebenso wie feindliche, freundliche oder Liebesbeziehungen. Wie lange eine Beziehung hält, hängt nach dieser Definition davon ab, wie lange die Partner die Kette ihrer gegenseitigen Reaktionen aufrechterhalten – wobei die Gründe dafür zweitrangig sind.

Dauerhaft suchende Singles produzieren naturgemäß kurze Reaktionsgeschichten, sonst würden sie Liebesbeziehungen haben. Diese Single-to-Single-Geschichten enden rasch, weil einer der Partner alsbald aussteigt. Dazu macht er das einzig Denkbare, mit dem eine Beziehung beendet werden kann: Er reagiert nicht mehr auf den anderen, er bricht die Kommunikation ganz einfach ab. Seinen Ausstieg vollzieht er nicht willkürlich, vielmehr sieht er triftige Gründe dafür. Schnellgerichte und die Tests der Ego-Fallen liefern solche Gründe in Hülle und Fülle. Aber genau hier liegt der Haken. Kann man sich auf seine Gründe wirklich verlassen?

Ein Single lernt einen anderen kennen. Als dieser erwähnt, dreimal geschieden zu sein, endet die Geschichte abrupt. Der Single hat kein Interesse an einem derart sprunghaften Partner. Doch woher weiß er das?

Ein Single sieht beim ersten Date, wie ein potenzieller Partner jemand anderen herzlich umarmt. Das genügt, um aus der Sache

> *auszusteigen. Er braucht niemanden, der auf zwei Hochzeiten*
> *tanzt. Doch woher weiß er das?*

Wie kann jemand, der aussteigt, sich seiner Gründe sicher sein? Wie kann er wissen, ob sein Verständnis der Vorgänge und seine Interpretation der Worte und des Verhaltens seines Gegenübers tatsächlich zutreffen? Schließlich kann er nicht in den Partner hineinsehen, sondern ist darauf angewiesen, dessen Worte und Verhalten zu deuten. Mit Deutungen, das hat jeder schon erlebt, kann man aber gehörig danebenliegen. Dass jemand dreimal geschieden ist, kann Verschiedenes bedeuten, Sprunghaftigkeit ist nur eine Möglichkeit. Auch dass der potenzielle Partner jemanden umarmt, kann vieles bedeuten. Vielleicht war es ein Familienangehöriger, guter Freund oder einfach ein Bekannter, der Trost brauchte.

Deutungen sind riskant, und da Reaktionen grundsätzlich auf Deutungen beruhen, ist die Kommunikation von Partnern oft missverständlich – und sie geraten deshalb leicht aneinander. Im Fall suchender Singles geraten sie durch Fehldeutungen sogar meist auseinander. Deutungen haben eine fatale Wirkung: Sie produzieren Voraussagen. »Was, du bist dreimal geschieden? Das lassen wir lieber, so einer wie Du kann es nicht ernst meinen!« »Wenn der jetzt schon andere umarmt, was soll das später erst werden? Da lass ich lieber die Finger davon!« Das bedeutet, dass die Gründe für einen Ausstieg oft nicht im Verhalten des Gegenübers liegen, sondern in der eigenen Logik und den eigenen Voraussagen.

Auf sich selbst reagieren

Wer sich auf seine eigenen Deutungen verlässt und dem Partner keine Chance gibt, diese Deutungen zu verändern, der ist nicht in Beziehung. Man kann also in Kontakt sein und dennoch nicht in

DEN BEZIEHUNGSTRICK ANWENDEN

Beziehung. Dann ist man bestenfalls in Beziehung zu sich selbst und dreht sich um sich selbst. Auf sich selbst zu reagieren ist also das glatte Gegenteil von Bezogenheit auf einen Partner. Und gerade suchende Singles sind viel öfter auf sich selbst bezogen, als ihnen das bewusst ist. Sie glauben, den potenziellen Partner richtig einzuschätzen oder gar, seine »Persönlichkeit« durchschaut zu haben. Damit kann man allerdings ziemlich danebenliegen, wie die folgenden Beispiele zeigen.

> *Ein Mann ist fremdgegangen. Seine Frau ist getroffen und kommt zu dem Schluss: »Du liebst mich nicht mehr« und trennt sich von ihm. Reagiert sie nun auf sich selbst oder auf ihren Mann? Liebt er sie wirklich nicht mehr? Sie wird das nicht erfahren, solange sie den Kontakt verweigert.*
>
> *Eine Frau möchte den Freund, der zu ihr zieht, nicht in den Mietvertrag aufnehmen. Er ist daraufhin sicher, dass sie nicht ernsthaft an einer Beziehung interessiert ist und steigt aus. War sie wirklich nicht ernsthaft an einer Beziehung interessiert? Er wird es nicht mehr erfahren, es sei denn, er steigt wieder in die Beziehung ein.*

Irrtum scheinbar ausgeschlossen

Fatal ist, dass man die eigenen Deutungen automatisch für unfehlbar hält. So ist es und nicht anders! Das ist doch vollkommen klar! Da besteht nicht der geringste Zweifel! Man ist so überzeugt von der eigenen Sicht der Dinge, dass man dem Partner gegenüber die Deutungshoheit beansprucht. Von den Verwicklungen, die dann entstehen, kann jeder Paarberater oder Paartherapeut ein Lied singen. Dann jagen sich gegenseitige Vorwürfe und Unterstellungen:

Wann ist man in Beziehung, **wann nicht?**

- Wer fremdgeht, liebt den Partner nicht mehr, das ist doch wohl ganz klar!
- Wenn du mich lieben würdest, wäre Fremdgehen für dich kein Trennungsgrund!
- Wenn ich nicht in den Mietvertrag kann, dann willst du nicht ernsthaft mit mir zusammen sein!
- Wenn dich das stört, willst du über mich bestimmen!

Wer die Deutungshoheit beansprucht, erklärt den Partner entweder für dumm oder setzt ihn ins Unrecht, nach dem Motto: »Ich weiß besser, was wahr ist, du siehst die Sache falsch!« Aber kein Partner will sich ins Unrecht setzen lassen, und deshalb schlägt er mit seiner eigenen Deutung zurück.

Kampf der Deutungen

An diesem Punkt beginnen viele Machtkämpfe, wie es dem Paar im nächsten Beispiel passiert. Der Mann und die Frau mögen sich sehr und stehen am Ende der Anbahnungsphase. Dann kracht es so gehörig, dass er »erst einmal« aussteigt. Was ist passiert? Der Mann wollte die Frau öfter zu einem vereinbarten Zeitpunkt zum Ausgehen abholen, aber sie war nie fertig. Regelmäßig musste er zwischen 30 und 50 Minuten warten, bis sie sich in Schale geworfen und geschminkt hatte. Beim achten Mal platzte ihm der Kragen. Es entwickelte sich folgender Disput:

Er: »Ich hab die Nase voll davon, ständig warten zu müssen. Geht das nicht schneller?«
Sie: »Da ist doch nichts dabei, das macht doch nichts.«
Er: »Mir macht das schon etwas.«
Sie: »Da hat sich noch kein Mann drüber aufgeregt.«

DEN BEZIEHUNGSTRICK ANWENDEN

Er: »*Du gehst schlecht mit meiner Zeit um.*«

Sie: »*Und du nimmst keine Rücksicht auf mich.*«

Er: »*Wenn das so weitergeht, hole ich dich nicht mehr ab!*«

Sie: »*Geh doch, ich halte dich nicht auf!*«

… so geht es hin und her, der Ton wird lauter und die jeweiligen Deutungen verfestigen sich im Lauf des Streits, bis …

Er: »*Das ist mir einfach zu blöd.*«

Mit dem letzten Satz wirft er die Tür zu und verschwindet. »Erst einmal« – oder vielleicht für immer.

Wer hat die Deutungshoheit?

Der kleine Dialog der beiden zeigt das Beharren auf der jeweiligen Deutung, mit der die eigene Reaktion begründet wird. Sie ist davon überzeugt, einen »rücksichtslosen« Mann getroffen zu haben, und er ist sich sicher, es mit einer »egoistischen« Frau zu tun zu haben. Fatal ist, dass der Ablauf des Streits zum aktuellen Beleg für die jeweilige Deutung wird, denn im Streit verhält er sich mit jeder Äußerung rücksichtsloser, und sie wird mit jedem Satz egoistischer. Am Ende steht dann für den Mann fest: »Frauen, die nur an sich selbst denken, hatte ich genug.« Und die Frau weiß: »Männer, die mich nicht respektieren, muss ich nicht mehr haben.«

Natürlich stimmen diese Deutungen nicht. Vielmehr hat sich jeder auf sich selbst bezogen und die Mitteilungen des anderen ignoriert. Jeder hat auf seiner Sicht beharrt und es verpasst, den anderen einzubeziehen. Jeder hat sich auf seine Gefühle und seine Deutungen berufen; und dadurch haben sich die Partner gegenseitig zu ungewollten Reaktionen veranlasst.

Solche Kämpfe und Missverständnisse hören erst auf, wenn die Tatsache zweier Wirklichkeiten, zweier Wahrheiten und darüber hinaus: zweier verschiedener Empfindungsmöglichkeiten, sogar bezüglich identischer Sachverhalte, anerkannt wird. Warten ist für ihn etwas ganz anderes als für sie. Warten ist für ihn so schlimm wie es schlimm für sie wäre, ungeschminkt aus dem Haus zu gehen. Aber zu solchen Einsichten würden die beiden nur vordringen, wenn sie aufeinander eingingen und in Beziehung blieben.

Die andere Wirklichkeit anerkennen

Um auf den Partner zu reagieren, muss man dessen Deutung der Lage, dessen Sicht der Dinge und dessen Verhaltensgründen Raum in der eigenen Wahrnehmung geben. Man braucht es nicht zu verstehen – und kann das meist auch nicht oder jedenfalls nicht sofort. Aber man muss anerkennen, dass es so ist: Es gibt zwei Wahrheiten. Erst wenn diese Voraussetzung erfüllt ist, können neue Informationen die Abläufe beeinflussen. Erst dann ist man in Beziehung. Und damit verändert sich alles, auch die Situation der Partner aus den beiden letzten Beispielen.

Die Frau des untreuen Mannes erklärte sich nach einiger Zeit bereit, mit in die Beratung zu kommen. Dort sagte ihr Mann: »Es war keine Liebe. Es ist nur so, dass ich mit dieser Frau sprechen konnte. Sie hat mir zugehört.« Das war eine neue Information für die Frau. Aber eine Information, die es in sich hatte. Ihr klappte buchstäblich die Kinnlade herunter, aber sie blieb auf den Partner bezogen und setzte sich mit seinen Motiven für den Seitensprung auseinander. Und dadurch gab sie der Beziehung die Chance zu bestehen.

Die Frau, die ihren Freund nicht in den Mietvertrag nehmen wollte, erzählte in der Beratung von ihrem Misstrauen und ihrer Angst. Ihre Mutter war vom Vater um den Unterhalt betrogen worden, und sie selbst war vor Jahren von einem Mann um einen größeren Betrag geprellt worden. Ihre Zurückhaltung bedeutete also nicht, dass sie an einer Beziehung nicht interessiert wäre, sondern

DEN BEZIEHUNGSTRICK ANWENDEN

dass ihr das Vertrauen bezüglich materieller Dinge abhandenge-
kommen war. Als ihr Freund von diesen Ängsten erfuhr, erkannte
er selbst, dass ihr Verhalten kein Grund war, aus der Beziehung zu
ihr auszusteigen.

Wer auf sich selbst reagiert, steigt schnell aus einer Beziehung
aus. Während einer Beziehungsanbahnung ist die Ausstiegsgefahr
dann besonders groß, wenn wunde Punkte berührt werden, von
denen der Partner wenig wissen kann, wie in den beiden Beispielen
oben. Denn wunde Punkte sind Ausstiegspunkte. Wird ein wunder
Punkt berührt, schnappt der suchende Single leicht ein. Dann ist er
sich seiner Deutung so sicher, dass es ihm schwerfällt, bezogen zu
bleiben. Das ist der Vergangenheit zu verdanken, in der die Wunden
entstanden sind. Die Deutung ist sozusagen vorprogrammiert, sie
bietet sich von selbst an.

Auf den Partner reagieren

Eine zu schnelle Deutung liegt aber nicht nur oft daneben, sie
verhindert darüber hinaus, dass sich tiefere Gefühle und festere Verbindungen bilden. Diese werden aber gebraucht, damit sich Passung
ergeben kann. Suchende Singles sollten daher bestrebt sein, ihre
Reaktionen aufeinander so lange aufrecht zu erhalten, bis sie ganz
sicher sind, auf den Partner und nicht auf sich selbst zu reagieren.

Leider ist die Unterscheidung der beiden Reaktionsweisen im
Eifer des Gefechtes nicht immer leicht zu treffen. Könnten Sie im
folgenden Beispiel sofort erkennen, ob es sich um eine Reaktion auf
sich selbst oder das Gegenüber handelt?

Ein Kind sagt: »Ich bin traurig, weil mein Ball kaputt gegangen
ist.« Die Eltern antworten ihm: »Du brauchst nicht traurig zu sein,
wir kaufen dir einen neuen Ball.« Ist das eine Reaktion auf eigene
Deutungen, oder ist das Bezogenheit? Es ist eine Reaktion auf sich

selbst, wenn auch eine milde, wie sich durch die Antwort des Kindes zeigt. Das Kind entgegnet nämlich empört: »Aber den Ball hat mir Opa geschenkt!« Die Eltern lagen daneben, es ging nicht um **einen** Ball, es ging um **diesen** Ball.

Die Eltern hätten bezogener sein können, indem sie beispielsweise gesagt hätten: »Das ist aber traurig. Möchtest du einen neuen Ball?« Oder indem sie mitfühlend gefragt hätten: »Was ist denn besonders an diesem Ball?« Dann hätten sie die Gefühle des Kindes anerkannt und ihm nicht erzählt, es bräuchte nicht traurig zu sein. Immerhin haben die Eltern die Kurve bekommen und nicht nachgelegt, etwa mit einer Bemerkung wie: »Stell dich nicht so an, Ball ist Ball.« Das hätte zu einem kleinen Ausstieg aus der Beziehung durch das Kind geführt, weil sich seine Eltern nicht auf das Kind bezogen, sondern es in die eigene Wahrnehmungswelt eingeordnet hätten.

In Ruhe und ohne Druck

Tatsächlich ist es gar nicht so einfach, Selbstbezogenheit von Bezogenheit auf das Gegenüber zu unterscheiden. Dazu braucht es Zeit und eine gewisse Gelassenheit. Eile und Druck, wie suchende Singles sie an den Tag legen, führt oft zu impulsiven, selbstbezogenen Handlungen.

Man deutet und man muss deuten, denn wenn man den Vorgängen keinen Sinn zuweisen würde, könnte man nicht reagieren. Es ist in Beziehungen unmöglich, nicht zu deuten. Es ist aber ebenso unmöglich, mit Sicherheit richtig zu deuten. Was können Partner also tun, um nicht Opfer selbstbezogener Deutungen und wunder Punkte zu werden? Müssen sie zum Therapeuten laufen und ihre Vergangenheit aufarbeiten? Ich denke nicht. Sie können ihre Deutungen vergleichen und verändern, indem sie »trotz allem« in Beziehung bleiben. Wie das möglich ist, lesen Sie im folgenden Abschnitt.

INTELLIGENTE DUMMHEIT –
WIE MAN IN BEZIEHUNG BLEIBT

Ein Paar kam in die Beratung, weil sich die Frau mit Trennungsgedanken trug. Schon nach wenigen Minuten erklärte sie, ihren Mann, mit dem sie seit 13 Jahren zusammenlebte, nicht mehr zu lieben. Sie sah ihn an und sagte: »Ich liebe dich einfach nicht mehr.« Viele Partner würden an diesem Punkt aussteigen. Wenn man nicht mehr geliebt wird, was soll man dann in der Beziehung? Der Mann aber blieb sprach- und hilflos sitzen. Offenbar verstand er nicht, wie ihm geschah. Ich half ihm dabei, dieses Unverständnis auszudrücken. Er sagte schlicht: »Das begreife ich nicht.« Diesen Satz sprach er in der folgenden Dreiviertelstunde noch mehrmals aus. Trotz weiterer harter Aussagen seiner Frau, darunter auch Beleidigungen und Verletzungen, reagierte er nicht empört, sondern hörte zu und verlangte weitere Erläuterungen. Die Frau musste sich nun quasi selbst befragen und erforschen. Schließlich erklärt sie, sie fühle sich seit Jahren nicht mehr begehrt, halte diese Unzufriedenheit nicht länger aus und wolle sich deshalb trennen. Diese Aussage unterschied sich nun gewaltig von der ersten, denn jetzt gab sie an, sich nach seinem Begehren zu sehnen.

Dass der Mann nicht in üblicher Weise reagierte, lag auch an dem Schock, unter dem er aufgrund der unerwarteten Aussagen seiner Frau stand. Aber es lag auch daran, dass er – mit meiner Unterstützung – nachfragte. Am Ende stand eine neue Information. Von der großen Unzufriedenheit seiner Frau und ihrer starken Sehnsucht hatte er bisher nichts erfahren. Er hatte zwar immer schon Vorwürfe bekommen, konnte damit aber nichts anfangen. Erst die Erkenntnis, dass seine Frau aus Unzufriedenheit bereit war, ihn zu verlassen, machte ihn spürbar betroffen. Davon war wiederum die

Intelligente Dummheit – **wie man in Beziehung bleibt**

Frau überrascht. Sie hatte geglaubt, ihn nicht treffen zu können, weil sie ihn für gleichgültig gegenüber ihren Bedürfnissen hielt.

Der Mann hat im Grunde gut reagiert. Er hat weder gefragt, wie er es ihr recht machen könne, noch hat er gegen ihre Aussage angekämpft, ihre Motive bezweifelt oder sie angegriffen. Er ist ruhig geblieben und hat nachgefragt. Einfach war das für ihn sicherlich nicht, aber irgendwie hat es geklappt. Am Ende der Beratung stellten die beiden fest, dass sie weiterhin zusammenbleiben wollen. Der Mann äußerte Verständnis für ihren »Hunger« nach Berührung, und sie gab zu, noch Gefühle für ihn zu haben. Die Kette der Reaktionen wurde nicht unterbrochen, sondern weitergeführt, die Beziehung blieb bestehen.

Langsam und neugierig

Was hat es dem Mann ermöglicht, nicht auf sich selbst zu reagieren, sondern »trotz allem«, trotz aller Beleidigungen und Verletzungen, bezogen zu bleiben? Zum einen die Trägheit des Schocks, welche zur **Verlangsamung** der Abläufe führte. Zum anderen eine ungewisse **Neugier** auf die Gründe seiner Frau. Ich fasse beides – Verlangsamung und Neugierde – im Begriff der »Dummheit« zusammen. Denn um »trotz allem« in Beziehung zu bleiben, brauchen Sie eine gute Portion Dummheit. Mit Dummheit meine ich nicht fehlende Intelligenz, sondern die naive Fähigkeit, nicht sofort zu wissen. Ich meine damit eine intelligente Dummheit.

Solche Dummheit gehört zur Grundausstattung meiner Arbeitsmethode, der »Erlebten Beratung« (siehe Hinweis Seite 191). Die Aussage »Das verstehe ich nicht« hören Partner und Singles von mir sehr oft, und dann bleibt ihnen nichts anderes übrig, als sich zu erklären. Dazu formulieren sie um und suchen in sich selbst neue Antworten – und das so lange, bis neue Informationen auftauchen.

93

So lange, bis ich und der anwesende Partner und auch sie selbst etwas begreifen, etwas in einem anderen Licht sehen, neue Zusammenhänge erkennen und zu anderen Deutungen kommen. Genau das führt dann zu Verhaltensänderungen.

Dummheit kann überaus produktiv sein. Scheinbar intelligente Leute glauben immer, gleich zu wissen, sofort zu verstehen, alles zu begreifen. Aber in Bezug auf die Erlebniswelt des Partners ist das unmöglich, vor allem wenn sich Differenzen und Konflikte abzeichnen oder bereits in Gang sind. Man kann nicht wissen, was gegenwärtig im anderen vorgeht, man kann sich das lediglich einbilden und reagiert dann womöglich auf sich selbst anstatt auf den Partner. Mit einer gehörigen Portion Dummheit passiert ein solches Malheur nicht. Wer sich traut, dumm zu sein, stellt Fragen. Die Frage: »Das verstehe ich nicht, bitte erkläre mir das!« gehört dazu. Aber in diesem Sinne dumme Leute sind noch zu weit mehr Produktivem fähig. Sie können staunen und sich wundern – und das auch über scheinbar klare Sachverhalte.

Staunen und wundern

Wenn eine suchende Singlefrau beim ersten Date mit weißen Socken in Sandalen konfrontiert wird, kann sie kurzen Prozess machen – oder sie kann sich **wundern**. Anstatt den potenziellen Partner sofort auszusortieren, kann sie in Beziehung bleiben und ihre Verwunderung ausdrücken. Dann erfährt sie Dinge, von denen sie nichts wissen konnte, beispielsweise, dass der Mann spät dran war und feststellen musste, dass seine Schuhe nicht geputzt waren. In der Vorfreude und um sie nicht warten zu lassen, zog er die Sandalen an. Und mit dieser Information sieht alles anders aus.

Wenn ein suchender Singlemann eine in Versform abgefasste E-Mail erhält, kann er aussteigen – oder er kann **staunen:** »Das ist seltsam, so etwas ist mir noch nie passiert. Was mag dahinter stecken?« Wenn er dann sein Staunen der potenziellen Partnerin gegenüber ausdrückt, stehen die Chancen gut, dass er etwas erfährt, das sein Schnellurteil, die Frau sei »einfältig«, widerlegt. So singt sie auf Geburtstagfeiern Arien, obwohl sie keine Sängerin ist, oder begleitet Kinder im Sterbehospiz. Bei seinen dummen Erkundungen stellt der Mann nun überrascht fest, es mit einer ungewöhnlich lebendigen Frau zu tun zu haben. Diese Information ändert beinahe schlagartig alles.

Sich klugerweise dumm stellen

Ich habe weiter vorne beschrieben, wie es Verliebten aufgrund der Gnade der Blindheit gelingt, eine Beziehung miteinander einzugehen. Manche Partner sagen nach einigen Jahren zwar: »Wie konnten wir nur so dumm sein, uns aufeinander einzulassen?« Viele andere allerdings sagen: »Gott sei Dank waren wir dumm genug, uns aufeinander einzulassen!« Zwar kann ein dauerhaft suchender Single nicht mehr blind sein, aber er kann auf intelligente Weise dumm sein. Diese Art von Dummheit ermöglicht es ihm, in Beziehung zu bleiben. Dummheit ermöglicht Neugier und lässt den Eindruck gar nicht erst aufkommen, sofort alles zu wissen und verstanden zu haben.

Der andere ist selten so, wie er auf den ersten Eindruck zu sein scheint. Mir haben in den Jahrzehnten, in denen ich Beratung praktiziere, eine Reihe merkwürdiger Menschen gegenübergesessen. Doch diese wirkten nur auf den ersten Blick merkwürdig. Sobald ich die schon aus professionellen Gründen notwendige Dummheit und Neugier zeigte, tauchten unerwartete Informationen auf und veränderten meine Wahrnehmung dieser Menschen ebenso wie meine Reaktionen und Gefühle ihnen gegenüber.

Natürlich kann sich herausstellen, dass die Bereitschaft zum Kontakt immer weiter abnimmt, je mehr man von jemandem erfährt. Und es kann auch passieren, dass schon vorhandene Sympathie allmählich ganz schwindet. Dann ergibt sich nicht genügend Passung. Dann ist das eben so. Aber wenn Sie sich sicher sein wollen, den potenziellen Partner richtig einzuschätzen (nämlich als unpassend), wenn Sie nicht auf Ihre eigenen vorschnellen Deutungen hereinfallen wollen, kommen Sie um eine gute Portion Dummheit nicht herum. Kann man über die Aussagen des potenziellen Partners staunen, sich über sein Verhalten wundern und neugierig bleiben, ist es zudem wahrscheinlicher, dass sich während dieser Bezogenheit Verständnis und positive Gefühle aufbauen.

Einen langen Atem haben

Das Staunen, Wundern und Neugierigsein dient allein dem Zweck, Reaktionen auf sich selbst von Reaktionen auf den Partner zu unterscheiden. Und genau darauf kommt es an, wenn sich potenzielle Partner näher kommen und sich richtig verstehen wollen. Denn dazu reicht es nicht aus, seine Worte zu verstehen. Es kommt auf wesentlich mehr an. Darauf, **was er meint,** wenn er etwas sagt, **was er fühlt,** wenn er etwas tut, **was er sich vorstellt,** wenn er etwas plant – und auf anderes mehr. Solche Verständigung ist nicht schnell und nicht unter Druck zu erreichen. Dazu sind einige Klippen zu überwinden, die Klippen der Kommunikation. Denn diese ist ein komplexer Vorgang, vor allem dann, wenn sie in Einsicht und Verstehen münden soll.

KLEINE EXKURSION ZU DEN KLIPPEN DER KOMMUNIKATION

Gestatten Sie mir an dieser Stelle einen kleinen Ausflug in die Welt der Kommunikation. Vermutlich steigt dann das Verständnis dafür, wie komplex Verständigung ist, und hoffentlich auch die Bereitschaft für einen langen Atem beim »Dummstellen«. Bevor zwei Menschen sagen können, sie verstünden, was im anderen vor sich geht, sind drei Klippen zu bewältigen. Jede dieser Klippen erfordert es, aus vielfältigen Möglichkeiten eine einzige auszuwählen.

Die erste Klippe: Was sage ich?

Um die erste Klippe der Kommunikation zu überwinden, müssen Sie eine Information auswählen: »Was sage ich meinem Partner?« Stellen Sie sich dazu vor, Sie wären schlecht auf Ihren Partner zu sprechen. Die letzte Zeit war kompliziert, es hat viel Streit gegeben, und Sie fühlen sich beziehungsmüde. Sie schauen den Partner an und wünschen sich, ihn einige Zeit nicht zu sehen. Der Partner nimmt Ihren Blick wahr und fragt: »Ist etwas?« Jetzt müssen Sie eine Wahl treffen. Was sagen Sie ihm? Sie könnten sagen: »Nein, es

DEN BEZIEHUNGSTRICK ANWENDEN

ist nichts«, Sie könnten behaupten, Sie wären müde, Sie könnten mitteilen, dass Sie sich eine Auszeit wünschen – oder dem Partner eine andere Information geben.

Was Sie schließlich sagen, muss nicht unbedingt dem entsprechen, was Sie meinen. Vielleicht sagen Sie: »Ich will dich nicht mehr sehen«, meinen aber: »Ich brauche mehr Zeit für mich.« Das sind zwei paar Schuhe. Welche Informationen Sie herausgeben, hängt von vielen inneren und äußeren Umständen ab. Einige dieser Umstände werden Ihnen nicht einmal bewusst werden. Doch was immer Sie tun, es wird eine Reaktion beim Partner hervorrufen.

Die zweite Klippe: Wie sage ich es?

Die Auswahl der Mitteilung bildet die zweite Klippe: »Wie sage ich es meinem Partner?« Nehmen wir an, Sie entscheiden sich zu sagen, Sie wären müde und abgespannt. Diese Worte können Sie auf sehr verschiedene Weise sagen. Sie können gereizt klingen, so als ob Sie eigentlich sagen wollten: »Lass mich in Ruhe!« Sie können auffordernd klingen, so als ob Sie sagen wollten: »Komm, lass uns etwas Schönes unternehmen!« Sie können auch vorwurfsvoll klingen, so als ob Sie sagen wollten: »Mir geht es deinetwegen schlecht«, oder sie klingen noch anders. Darüber hinaus kommt es auf Ihre Mimik, Ihre Gestik und Ihre Körperhaltung an.

Ob Sie das, was Sie sagen, auch so sagen, wie Sie das wollen, ist nicht sicher. Wahrscheinlich werden sich einige der unbewussten oder absichtlich zurückgehaltenen Informationen dennoch übertragen. Es ist einfach zu schwierig, alle seine Äußerungen – Worte, Tonfall, Ausdruck, Gestik, Sprechtempo – zu kontrollieren. Sie werden daher oft gar nicht wissen, was Sie mitgeteilt haben. Dennoch werden Ihre verbalen und nonverbalen Mitteilungen auf der anderen Seite eine Reaktion erzeugen.

Kleine Exkursion zu den Klippen **der Kommunikation**

Die dritte Klippe: Worauf antworte ich?

Zur Überwindung der dritten Klippe müssen Sie entscheiden:
Worauf gehe ich als Empfänger von Informationen und Mitteilungen ein? Ihr potenzieller Partner hat Ihre Worte vernommen und
Ihre nonverbalen Mitteilungen bewusst oder unbewusst empfangen. Jetzt ist es an ihm zu antworten. Allerdings kann er nicht auf
alle empfangenen Mitteilungen gleichzeitig reagieren, schon gar
nicht dann, wenn sich einige davon widersprechen. So muss auch
er auswählen, worauf er reagiert. Dabei ist auch ihm nicht immer
bewusst, worauf er eigentlich antwortet – auf Ihre Worte, auf den
Ton, auf Ihre Gestik. Was immer der andere nun macht, es wird auf
Ihrer Seite erneut Reaktionen hervorrufen – welche auch immer.

So geht es hin und her, und man kann sich vorstellen, welche
Unmenge von Deutungen schon in wenigen Minuten Kommunikation produziert und wie viele Dinge ausgewählt werden, während
andere liegen bleiben. Partner sind quasi gezwungen, permanent
über die drei Klippen zu springen. Es wundert nicht, dass hierbei
Chaos entstehen kann und einer schließlich aussteigt. Es verwundert allerdings sehr, dass dennoch der Eindruck entstehen kann,
man verstünde sich.

Den Knoten entwirren

Kommunikation zwischen Partnern gleicht oft einem Knoten, der
entwirrt werden muss, wenn der Eindruck des Verstehens aufkommen soll. Die Dinge sind per se verwickelt und verknotet, weshalb
es sich empfiehlt, locker und entspannt – und mit einer gehörigen
Portion Dummheit – an die Entwirrung von Aussagen und rätselhaftem Verhalten zu gehen. Wer einen Knoten eilig lösen will, der
wird ihn fester zurren. Besser ist es, dabei entspannt zu bleiben,

DEN BEZIEHUNGSTRICK ANWENDEN

zu staunen, sich zu wundern, neugierig zu sein. Dann stehen die Chancen gut, neue und zufriedenstellende oder gar interessante Informationen zu erhalten.

Ich spreche übrigens nicht zufällig vom Eindruck des Verstehens. Denn ob man sich versteht, ob man tatsächlich das Gleiche fühlt, meint und vorhat, das lässt sich nicht mit Sicherheit feststellen. Das ist auch nicht nötig. Für eine Beziehung genügt der Eindruck des Verstehens vollkommen, genauso wie der Eindruck des Einsseins in der Verliebtheitsphase seinen Dienst tut. Solange Partner den Eindruck haben, sie verstünden sich, verstehen sie sich auch.

Soweit die kleine Exkursion zu den Klippen der Kommunikation. Vielleicht machen diese Ausführungen ja Lust darauf, diese Klippen zu umschiffen und möglichst lange im Fahrwasser der Beziehung zu bleiben. In den folgenden Kapiteln bekommen Sie dafür weitere Unterstützung.

Kleine Exkursion zu den Klippen **der Kommunikation**

- Dreh- und Angelpunkt der misslungenen Partnersuche ist die Tatsache, dass suchende Singles keine Beziehung finden, weil sie sich nicht auf das Gegenüber beziehen. Die Lösung lautet also: Beziehe dich! Sich zu beziehen verändert augenblicklich Deutungen, Gefühle und das Verhalten.
- Die Aufgabe eines suchenden Singles besteht darin, sehr viel länger als bisher in Beziehung zu bleiben. Dann kann er herausfinden, ob er auf sich selbst reagiert (und Beziehungen damit verhindert) oder auf den Partner (und Beziehungen damit fördert).
- Die Deutungshoheit zu beanspruchen ist ein sicheres Zeichen dafür, nicht in Beziehung zu sein.
- Die Ausrüstung, um selbstbezogene Reaktionen von denen zu unterscheiden, die auf den Partner bezogen sind, besteht aus drei Werkzeugen: Staunen, Wundern und Neugierde – und einem langen Atem bei deren Gebrauch.
- Kommunikation ist ein komplexer Vorgang, in dessen Verlauf Partner etliche Klippen umschiffen müssen.
- Liebe ist alles andere als Zufall. Liebe ist für den jungen, unschuldigen Menschen eine Bindung, die durch die Gnade der Blindheit ermöglicht wird. Der suchende Single, der auf diese Gnade nicht mehr hoffen kann, muss sie durch das Werkzeug der intelligenten Dummheit ersetzen. Wie bei allen Werkzeugen lässt sich deren Gebrauch üben. Dazu erfahren Sie mehr im folgenden Kapitel.

Üben Sie,
in Beziehung zu sein!

In diesem Kapitel geht es also darum, wie Sie die Werkzeuge anwenden können, die den Beziehungstrick ermöglichen. Darüber hinaus biete ich Ihnen einige kleine Reflexionen an, die zu Denk- und Vorstellungsexperimenten einladen. Damit beabsichtige ich, Sie zu verunsichern. Am besten so sehr, dass Sie »dumm« genug werden, sich zukünftig zu wundern, zu staunen und neugierig zu sein. Wer gleich zu wissen glaubt, für den ist vieles schon gelaufen, und nicht zu wissen ist meiner Ansicht nach die wichtigste Fähigkeit auf dem Weg zu einer Beziehung.

SCHLUSS
MIT DER PARTNERSUCHE!

Bevor Sie sich an die Anwendung der Werkzeuge machen, sollte eine Voraussetzung erfüllt sein: Hören Sie auf, eine Beziehung zu suchen! Der sagenumwobene Richtige läuft nirgends herum. Er sitzt nicht irgendwo in der Ecke und wartet darauf, erkannt zu werden. Und sollte man ihm dennoch begegnen, dann müsste man selbst auch der Richtige für ihn sein. Wie groß sind die Chancen, in diesem Beziehungslotto das große Los zu ziehen? Der zukünftige Partner ist nicht deshalb richtig, weil er ein All-inclusive-Paket und eine Fertiglieferung darstellt, sondern weil es Ihnen gelingt, sich auf ihn zu beziehen, und er sich umgekehrt auf Sie bezieht. Vielleicht sollte man die Rede vom richtigen Partner einstellen und stattdessen von einem passenden oder einfach einem guten Partner sprechen. Das klingt wesentlich menschlicher. Den guten Partner kann man dann gern als den Richtigen bezeichnen, so wie es der Realität derer entspricht, die einen solchen haben. Aufhören sollte man auch damit, sich mit anderen, die angeblich sechs Richtige im Beziehungslotto hatten, zu vergleichen. Von außen sieht manche marode Beziehung

ÜBEN SIE, IN BEZIEHUNG ZU SEIN!

gut aus. Doch man erfährt nur selten, was tatsächlich abläuft. Vielleicht haben die anderen einfach auch nur weniger Ansprüche, oder sie leiden auf verborgene Weise.

Suchen Sie Begegnungen!

Mit dem Suchen aufzuhören bedeutet aber nicht, den Wunsch nach einem Partner aufzugeben. Es bedeutet vielmehr, den Druck aus der Sache rauszunehmen. Die Idee, einen Partner zu finden, bei dem es gleichzeitig funkt und passt, ist eine absurde Vorstellung. Das ist so, als wenn man »ganz schnell ganz tief entspannen« möchte. So etwas geht schlicht nicht. Wenn jemand sagt, er wolle eine Beziehung oder einen Partner, ruft das den Eindruck von etwas Fertigem hervor, das es zu finden gilt. Es verschleiert die Tatsache, dass eine Beziehung immer und in jedem Fall aufgebaut werden muss, weil sie eine Geschichte gegenseitiger Reaktionen aufeinander darstellt.

Sie müssen aber den Wunsch nach einem Partner nicht aufgeben, auch wenn Sie mit der Beziehungssuche aufhören. Sie können statt einem Partner nämlich Begegnungen suchen. Zwischen Beziehungssuche und Begegnungssuche besteht ein großer Unterschied: Es gibt bei der Begegnungssuche kein Ziel. Sie müssen nirgends ankommen. Sie legen Ihre innere Checkliste aus der Hand, Sie haken nicht ab, Sie sortieren nicht aus. Sie machen einfach Erfahrungen und Entdeckungen und bewegen Gefühle. Das macht Sinn, denn Begegnungen sind Übungsfelder für Beziehungsverhalten. In Begegnungen können Sie experimentieren, ohne den hohen Preis enttäuschter Hoffnungen und frustrierter Erwartungen zu zahlen. Sie können die »intelligente Dummheit« üben. Und wenn Sie schließlich ein verändertes Beziehungsverhalten eingeübt haben, werden Sie sich im Kontakt selbstverständlicher und unverkrampfter bewegen. Sie werden wesentlich länger brauchen, um auszusortieren und um sicher zu sein, dass dieser Mann oder diese Frau **nicht** Ihr zukünftiger Partner sein kann.

Experimentieren Sie zwanglos!

Darüber hinaus können Sie entdecken, dass Begegnungen Spaß machen. Begegnungen mit den unterschiedlichsten Menschen gehören sicher zum Interessantesten, was man unternehmen kann. Vielleicht geht es Ihnen bald ähnlich wie Ursula, einer 45-jährigen Angestellten, die nach zwei Jahren Begegnungssuche von sich sagt:

>»Acht Jahre lang habe ich krampfhaft einen Partner gesucht. Mit Ende 30 habe ich mir einen Mann schön geredet, weil ich unbedingt ein Kind wollte. Das Kind habe ich, aber den Partner habe ich mittlerweile verloren. Nach dieser Erfahrung habe ich das Suchen nach dem Lebenspartner aufgegeben. Ich treffe mich jetzt völlig zwanglos mit Männern. Es sind sehr interessante darunter.

ÜBEN SIE, IN BEZIEHUNG ZU SEIN!

> *Manchmal bekomme ich Angst, dass ich keinen Partner mehr finden könnte, aber dann merke ich, welchen Stress ich mir damit mache. Inzwischen habe ich über die Suche zwei gute Freunde gefunden, mit denen ich mich regelmäßig treffe. Ich gebe Annoncen auf, schaue im Internet und lerne dabei gute Menschen kennen. Weil ich keine bestimmten Erwartungen mehr habe, macht es auch nichts, wenn ich jemanden treffe, der so gar nicht zu mir passt. Denn irgendetwas Interessantes passiert immer.«*

Wenn Ursula einen Mann trifft, experimentiert sie mit dem, was sie von sich erzählt und welche Antworten sie gibt. Auch die Texte der Annoncen, die sie aufgibt, variieren. Vor Kurzem lautete eine Anzeige: »Suche Mann mit Herz, der auch reden kann.« Sie bekam elf Antworten, mit zwei Männern hat sie sich getroffen, mit einem ist sie bis in die Anbahnungsphase gekommen. Bei einem gemeinsamen Ausflug mit Hotelübernachtung erfuhr sie dann, dass der Mann Potenzprobleme hat. Wenn es »heiß« wird, bekommt er es mit der Angst zu tun. Ursula steht damit vor einer ganz neuen Situation: »Ich finde ihn sehr sympathisch und er gefällt mir auch körperlich. Aber er übernimmt keine Initiative. Wenn ich mit ihm sexuell etwas erleben will, muss ich das anfangen. Ich komme mir vor wie sonst ein Mann.« Sie findet das spannend, obwohl sie sagt, dass sie sich nicht vorstellen kann, dauerhaft eine Beziehung mit schwieriger Sexualität zu führen. Aber sie will herausfinden, »was noch möglich ist, bevor ich mich entscheide«.

Ich kenne Ursula seit 15 Jahren, sie kommt zwei- bis dreimal jährlich in meine Beratung. Und ich bin fest davon überzeugt, dass die entspannte und selbstbewusste Ursula, die diese Geschichte erzählt, sehr viel eher einen Partner findet, als die krampfhaft suchende, an sich zweifelnde Ursula, die sie vor einigen Jahren noch war.

Wunde Punkte **finden**

Bevor auch Sie neue Begegnungen suchen, können Sie sich vorbereiten, indem Sie Ihre wunden Punkte herausfinden, verschiedene
Deutungen, Reaktionen und Vorstellungen entwickeln und schließlich offene Beziehungen abschließen. Dabei werde ich Sie auf den
folgenden Seiten unterstützen.

WUNDE PUNKTE FINDEN

Wenn zwei sich gerade kennenlernen, kann es schnell und unbeab-
sichtigt passieren, dass ein wunder Punkt berührt wird. Dann wird
es kritisch, denn wunde Punkte sind Ausstiegspunkte – und der
potenzielle Partner kennt sie nicht.

> *Peter trifft eine Frau, die er im Internet kontaktiert hat, zum
> ersten Mal. Bevor sie sich in der Kneipe an den Tisch setzen, be-
> merkt sie: »Du bist aber nicht besonders groß!« Für Peter ist sie
> in diesem Moment gestorben. Er führt noch eine Weile Smalltalk,
> dann ist die Sache erledigt.*

Eine Wunde kann auf verschiedene Weise berührt werden, etwa
durch Bemerkungen, Gesten oder Handlungen. Das Schmerzhafte
kann auch im Ton oder Gesichtsausdruck liegen – oder sogar in
einer Unterlassung. Marie, die Frau aus dem Beispiel auf Seite 65,
erzählt Folgendes:

> *»Der Mann war eigentlich ganz interessant. Wir sind essen ge-
> gangen. Er aber hat mir die Tür nicht aufgehalten und mich nicht
> gefragt, wo ich sitzen will. In den Mantel hat er mir auch nicht
> geholfen.«*

ÜBEN SIE, IN BEZIEHUNG ZU SEIN!

Marie war nach dem Essen »beleidigt« und wartete auf eine Art Wiedergutmachung. Da der Mann aber nicht wusste, was er falsch gemacht hatte, konnte er nichts wiedergutmachen. Und so war die kurze Begegnung der beiden ihre erste und letzte.

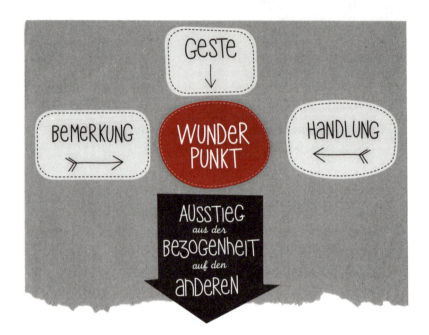

Werden empfindliche Stellen oder Wunden berührt, reagiert man automatisch und oft sehr heftig. Vor allem reagiert man so, als hätte der andere um die empfindliche Stelle wissen müssen. Man unterstellt ihm gefühlsmäßig, er habe das absichtlich getan. Manche werden dann aggressiv oder verschließen sich, manche fangen an zu diskutieren oder reagieren auf eine andere, für den potenziellen Partner oft unverständliche Weise. Dieser weiß dann nicht, wie ihm geschieht. Er bemerkt oft nicht einmal, dass er einen wunden Punkt beim Gegenüber berührt hat.

Deshalb ist es so wichtig, dass Sie Ihre wunden Punkte kennen. Mehr noch: Sie sollten Ihre übliche Reaktion auf die Berührung Ihrer wunden Punkte reflektieren und entdecken, welche innere Begründung dahinter steckt. So sind Sie besser auf den Fall der Fälle vorbereitet und können anders reagieren, nämlich nicht nur auf sich selbst. Der Wunde-Punkte-Test dient also der Vorbereitung auf Begegnungen.

Machen Sie den Wunde-Punkte-Test!

Stellen Sie sich vor, eine Begegnung mit einem interessanten potenziellen Partner zu haben. Was müsste nun geschehen, damit Sie verletzt oder enttäuscht sind? Was müsste der Partner tun oder sagen, wie müsste er sich verhalten? Während Sie hierüber nachsinnen, fallen Ihnen wahrscheinlich zurückliegende Begegnungen ein, in denen Sie verletzt oder enttäuscht wurden. Denken Sie auch darüber nach, was Sie stark und was Sie weniger stark verletzen würde. Lassen Sie sich Zeit, solche Auslöser für schlechte Gefühle zu finden.

Machen Sie sich dann die kleine Mühe, eine Liste mit fünf und mehr wunden Punkten anzufertigen. Beschreiben Sie als Erstes, wie der entsprechende wunde Punkt berührt wurde. Das können Sätze oder Handlungen des potenziellen Partners sein. Beschreiben Sie danach Ihre übliche Reaktion. Und finden Sie schließlich die innere Begründung für Ihr Verhalten. Das Ganze sieht, bezogen auf das obige Beispiel, dann etwa so aus:

Wunder Punkt:
Wir stehen in der Kneipe, und sie sagt in einem geringschätzigen Ton: »Du bist aber nicht besonders groß!«
Meine Reaktion:
Es fühlt sich an wie ein Schlag in den Bauch. Ich bin sauer. Ich lasse

ÜBEN SIE, IN BEZIEHUNG ZU SEIN!

mir aber nichts anmerken, tu so, als ob ich die Bemerkung nicht gehört habe und rede oberflächliches Zeug. Dann gehe ich unter einem Vorwand weg.

Meine innere Begründung:
Ich genüge der Frau nicht. Sie will mich anders haben als ich bin. Das lasse ich nicht mit mir machen. Dann soll sie sich einen anderen suchen.

Das Schema, um die wunden Punkte zu notieren, ist also recht einfach, hier sehen Sie es nochmals:

Wunder Punkt:

o Meine Reaktion:

o Meine innere Begründung:

Wenn Sie die Liste mit den wunden Punkten fertig haben, schauen Sie sich die verschiedenen Auslöser, Ihre jeweiligen Reaktionen und deren Begründungen wiederholt an. Sie können dann genauer erkennen, worauf Sie empfindlich reagieren, welches Reaktionsmuster Sie entwickeln und wie Sie diese Reaktion vor sich selbst rechtfertigen. Fassen Sie diese drei Erkenntnisse so zusammen:

1. Bringen Sie Ihre wunden Punkte in eine Reihenfolge, den schlimmsten Punkt zuerst.

2. Identifizieren Sie die für Sie typische Reaktion (zumachen, aggressiv werden …).

3. Schauen Sie sich die jeweilige innere Begründung an. Ist diese wirklich zwingend?

Wunde Punkte **finden**

Alle drei Punkte sind interessant, aber die inneren Begründungen sind von besonderer Bedeutung. Lauten diese in vielen Punkten ähnlich? Und können sie einer kritischen Betrachtung standhalten? Im obigen Beispiel sicherlich nicht. Denn es steht keineswegs fest, dass die Frau den Partner anders haben will, als er ist. Vielleicht ist sie tatsächlich von seiner Größe enttäuscht. Aber selbst dann mag sie andere Seiten an dem Mann erkennen, die die Bedeutung dieses Merkmals verblassen lassen.

Einer Begründung kann man sich selten sicher sein. Denn die Begründung einer Reaktion enthält immer Formulierungen wie »Ich muss …« – man muss … sich wehren, das runterschlucken, sich das anhören, sich das nicht gefallen lassen, sich davor schützen … oder etwas Vergleichbares. Die Formulierung zeigt die Eingleisigkeit der Reaktion. Wieso **muss** man das? Ist nicht doch etwas anderes möglich? Die Begründung ist in jedem Fall starr und festgelegt. Wenn aber die Begründung für eine Reaktion schon nicht schlüssig ist, dann ist auch die Reaktion selbst fragwürdig, und es gäbe Gründe und Möglichkeiten, anders zu reagieren.

Mit dem Wunde-Punkte-Wissen in eine Begegnung gehen

Wenn Sie die kleine Übung in Ruhe und gewissenhaft machen, werden Sie über Ihre empfindlichen Stellen besser Bescheid wissen. Was Sie damit anfangen können, möchte ich anhand von zwei Beispielen aus der Beratungspraxis erläutern.

Eine Frau kam schon nach kurzer Zeit mit einem Mann auf das Thema Kinder zu sprechen. Sie erklärte ihm dann: »Ich weiß nicht, ob wir über das Kinderkriegen sprechen sollten. Das ist ein

ÜBEN SIE, IN BEZIEHUNG ZU SEIN!

heikles Thema für mich.« Der Mann stimmte ihr zu, auch für ihn sei es »ein heißes Eisen«. Anstatt das Thema zu vermeiden, gingen die beiden nun vorsichtig damit um. Sie sprachen darüber, warum es heikel ist, darüber zu reden. Die Frau erzählte davon, dass Männer an diesem Punkt oft den Kontakt abbrechen. Er erzählte von seiner Erfahrung, dass Frauen »den Mann zum Kind« suchen, es ihnen seiner Ansicht nach nicht um den Mann geht. Die beiden signalisierten sich, die Vorsicht des anderen zu verstehen. Ihr Kontakt ist an der Klippe »Kinder« nicht sofort gescheitert.

Ein Mann nutzte seine Wunde-Punkte-Liste auf humorvolle Weise. Auf einem ersten Date nahm er einen Zettel hervor und erläuterte der potenziellen Partnerin wunde Punkte mit den Worten: »Du solltest nicht nach meinem Verdienst fragen und mich nicht auf meinen Bauch hinweisen, damit komme ich nur schwer klar.« Die beiden lachten, dann fing ein Gespräch über Empfindlichkeiten an. Der Mann nahm aus dieser Begegnung die »erstaunliche Erkenntnis mit, dass man seine Macken ansprechen kann, ohne sich eine Blöße zu geben«.

Das sind nur zwei kleine Beispiele dafür, wie ein besseres Wissen um eigene wunde Punkte eine Begegnung beeinflussen kann – vor allem dann, wenn man diese Empfindlichkeiten mit in die Beziehung nimmt.

ENTWERFEN SIE VERSCHIEDENE DEUTUNGEN

Wenn sich suchende Singles kennenlernen, sind sie oftmals mit merkwürdigen Verhaltensweisen konfrontiert. Diese können ein-

Entwerfen Sie **verschiedene Deutungen**

deutig erscheinen, aber selbst dann, wenn etwas rätselhaft erscheint, macht man sich seinen Reim darauf. Es ist nämlich nicht möglich, etwas nicht zu deuten, weil man dann nicht darauf reagieren könnte. Man deutet Gesten, Formulierungen, Blicke, Sätze und natürlich Verhaltensweisen grundsätzlich immer, die Frage ist nur, wie.

Was und wie man deutet, hängt nämlich weniger vom Ereignis als von einem selbst ab, davon, welche Brille man aufhat. Eine gelbe Brille lässt alles gelblich erscheinen, eine blaue Brille bläulich etc. In dieser kleinen Reflektion werden Sie nun aufgefordert, nacheinander verschiedene Brillen aufzusetzen.

Machen Sie sich dazu auf die folgenden kleinen Erlebnisse jeweils drei verschiedene Reime, das heißt, deuten Sie die Vorfälle auf drei verschiedene Weisen. Im Anschluss an die Schilderung jeder Szene präsentiere ich Ihnen drei meiner Deutungen, die sich von Ihren wahrscheinlich unterscheiden werden. Decken Sie diese Zeilen solange ab, bis Sie sich Ihre eigenen Deutungen klar gemacht haben.

Szene 1

Sie sind mit einem interessanten potenziellen Partner verabredet und sitzen gerade bei einem guten Essen im Restaurant. Jetzt klingelt schon zum fünften Mal das Handy, jedes Mal entschuldigt er sich und geht für einige Minuten vor die Tür. Die Sache ist ihm offensichtlich peinlich, dennoch nimmt er die Gespräche an.

Meine drei möglichen Deutungen:

1. _____

2. _____

3. _____

ÜBEN SIE, IN BEZIEHUNG ZU SEIN!

Michael Marys drei mögliche Deutungen:

1. Wenn ihm etwas an mir läge, würde er sein Handy ausstellen. Fazit: *Er mag mich nicht.*

2. Geschäfte sind für ihn wichtiger als Beziehungen. Fazit: *Er ist beziehungsgestört.*

3. In seinem Umfeld, in seiner Familie oder bei seinen Freunden, muss etwas Schlimmes passiert sein. Fazit: *Er hat dringende Probleme.*

Szene 2

Sie haben sich bereits ansatzweise in einen potenziellen Partner verliebt und mit ihm zusammen gekocht. Gerade noch saß er auf Ihrer Couch, und Sie haben einen langen und intensiven Kuss ausgetauscht. Plötzlich springt er auf und verlässt mit der Bemerkung, er müsse dringend zu einem Termin, fluchtartig Ihre Wohnung.

Meine drei möglichen Deutungen:

1. _____

2. _____

3. _____

Michael Marys drei mögliche Deutungen:

1. Der Kuss hat dem potenziellen Partner nicht gefallen. Fazit: *Er begehrt mich nicht.*

2. Ihm wird die Sache scheinbar zu heiß. Fazit: *Er hat ganz bestimmt Frau und Kinder.*

3. Der Kuss hat ihn schlichtweg umgehauen. Fazit: *Er braucht Zeit, das zu verdauen.*

Entwerfen Sie **verschiedene Deutungen**

Szene 3

Beim ersten Treffen erzählt Ihnen der potenzielle Partner seine Beziehungsgeschichte. Sie erfahren, dass er ein Kind mit seiner Exfrau hat und dieses regelmäßig besucht. Da seine Exfrau weit entfernt wohnt, übernachtet er in deren Wohnung.

Meine drei möglichen Deutungen:

1. _____
2. _____
3. _____

Michael Marys drei mögliche Deutungen:

1. Er hat noch eine Liebesbeziehung zur Ex. Fazit: *Er ist nicht frei.*
2. Er hält guten Kontakt zur Exfrau und seinem Kind. Fazit: *Er ist verantwortungsbewusst.*
3. Er erzählt mir diese Geschichte, um herauszufinden, ob ich eifersüchtig bin. Fazit: *Er will mich testen.*

Zu den einzelnen Fällen steht nun eine Reihe von Deutungen im Raum, ohne dass man wüsste, welche davon stimmt und welche daneben liegt. Das ist auch nicht der entscheidende Punkt. Wichtiger ist es zu erkennen, dass es verschiedene Deutungsmöglichkeiten gibt, von denen einige wahrscheinlicher sind als andere.

Wer sich bewusst ist, dass seine Deutungen nicht unbedingt Wahrheiten, sondern mögliche Interpretationen von Ereignissen darstellen, der bewahrt sich eine größere Offenheit und Neugierde – zum Beispiel darauf, ob die eigene Deutung zutrifft oder nicht. Und solange kein Urteil gefällt wird, besteht die Möglichkeit, aufeinander zu reagieren.

ÜBEN SIE, IN BEZIEHUNG ZU SEIN!

DENKEN SIE SICH
UNTERSCHIEDLICHE REAKTIONEN AUS

Jeder weiß, dass er auf ähnliche Vorfälle, je nach momentanem Zustand und Stimmung, unterschiedlich reagiert. Da die eigenen Reaktionen auf der anderen Seite wiederum Reaktionen auslösen, ist es alles andere als gleichgültig, wie man auf sein Gegenüber reagiert. Wer sich die Zeit nimmt, vorher über seine Reaktion nachzudenken, hat mehr Möglichkeiten, um die Kette der Reaktionen – also die Begegnung – noch eine Weile aufrechtzuerhalten.

Fantasievolle Gedankenspiele

Die folgende Reflektion dient diesem Spiel mit Möglichkeiten. Sie ist in zwei Teile geteilt. Im ersten Teil denken Sie sich zu den geschilderten Vorfällen je drei Reaktionen und deren Begründung aus. Eine dieser Reaktionen sollte für den potenziellen Partner voraussichtlich völlig unerwartet sein.

Szene 1

Sie haben Ihren potenziellen Partner bereits mehrmals getroffen und finden ihn ganz sympathisch. Nur eines stört Sie zunehmend: Er schickt Ihnen viel zu viele SMS, und zwar mehrere täglich. Sie haben weder Lust noch Zeit, ständig zu antworten.

Meine 1. Reaktion: _____

Meine Begründung: _____

Meine 2. Reaktion: _____

Meine Begründung: _____

Denken Sie sich **unterschiedliche Reaktionen aus**

Meine 3. Reaktion: _____

Meine Begründung: _____

Szene 2

Sie haben sich erst einmal mit Ihrem potenziellen Partner getroffen. Am nächsten Tag finden Sie eine Nachricht auf dem Anrufbeantworter: Er möchte gleich bei Ihnen einziehen, denn er ist sich sicher, in Ihnen den Traumpartner gefunden zu haben.

Meine 1. Reaktion: _____

Meine Begründung: _____

Meine 2. Reaktion: _____

Meine Begründung: _____

Meine 3. Reaktion: _____

Meine Begründung: _____

Szene 3

Sie gehen mit dem potenziellen Partner ins Theater. Er hat zuerst den Mitarbeiter an der Garderobe und dann den Platzanweiser »fertiggemacht«. Gerade knöpft er sich den Kellner vor.

Meine 1. Reaktion: _____

Meine Begründung: _____

Meine 2. Reaktion: _____

Meine Begründung: _____

ÜBEN SIE, IN BEZIEHUNG ZU SEIN!

Meine 3. Reaktion: _____

Meine Begründung: _____

Ungewöhnliche Reaktionen

Soweit das Spiel mit einigen Reaktionen. Ist Ihnen auch eine ungewöhnliche Reaktion eingefallen? Beispielsweise könnte man in Szene 1 schreiben: »Ich freue mich über deine vielen Mails! Damit ich sie alle beantworten kann, werde ich meinen Job kündigen müssen.« In Szene 2 fällt mir als ungewöhnliche Reaktion ein: »Toller Vorschlag. Schick mir schon mal eine Vollmacht für dein Konto!« In Szene 3 könnte man Bewunderung vortäuschen: »Toll, wie du mit Leuten umgehst! Das will ich mit meinen Arbeitskollegen auch mal machen. Kannst du mir ein paar Tipps geben?« Das sind vielleicht freche Reaktionen, deutlich und provokativ. Man kann auf die Reaktionen darauf gespannt sein.

Alternative Möglichkeiten

Kommen wir jetzt zum zweiten Teil der Reflektion. Erinnern Sie sich dazu an zwei Ihrer früheren Reaktionen bei der Partnersuche, die Sie inzwischen als problematisch einstufen. Am besten eine Reaktion, die Sie heute bereuen. Denken Sie sich dann zu jeder Szene zwei weitere Möglichkeiten aus, wie Sie hätten reagieren können, und schreiben Sie wieder die Begründung dafür auf.

Szene 1

Meine damalige Reaktion: _____

Meine damalige Begründung: _____

Denken Sie sich **unterschiedliche Reaktionen aus**

Eine andere mögliche Reaktion: _____

Meine Begründung: _____

Noch eine andere Reaktion: _____

Meine Begründung: _____

Szene 2

Meine damalige Reaktion: _____

Meine damalige Begründung: _____

Eine andere mögliche Reaktion: _____

Meine Begründung: _____

Noch eine andere Reaktion: _____

Meine Begründung: _____

Diese Übung ist nicht nur ein Spiel, Sie sollen auch nicht nur nachträglich über Ihr Verhalten nachdenken. Vielleicht sind Sie ja gerade in Kontakt mit potenziellen Partnern – dann haben Sie reichlich Gelegenheit, sich Gedanken über unterschiedliche Reaktionen zu machen. Es kann ganz hilfreich sein, sich verschiedene Möglichkeiten auszumalen und eine auszuwählen, vielleicht sogar eine ungewöhnliche. In einem Fall empfiehlt sich das Spiel mit Reaktionen ganz besonders: wenn Sie Gefahr laufen, allzu impulsiv auf einen Vorfall zu reagieren. Das Nachsinnen über verschiedene Reaktionsmöglichkeiten und vor allem über deren jeweilige Begründung verlangsamt das Reiz-Reaktionsmuster und bietet bessere Möglichkeiten, die Reaktionen aufeinander – und damit die Beziehung – noch eine Weile aufrecht zu erhalten.

ÜBEN SIE, IN BEZIEHUNG ZU SEIN!

TREFFEN SIE
UNTERSCHIEDLICHE VORAUSSAGEN

Der Schnellrichter stützt sich bei seinem Urteil auf Erfahrungen, also auf Vergangenheit, die er in die Zukunft projiziert. Das heißt, suchende Singles treffen Voraussagen, an denen sie sich orientieren. Damit kann man richtig liegen – aber auch völlig daneben. Eine gewisse Skepsis den eigenen Deutungen gegenüber und eine Offenheit für andere Möglichkeiten kann einem vorzeitigen Aussortieren vorbeugen.

Ich schildere hier einige kurze Geschichten. Führen Sie jede Geschichte auf drei unterschiedliche Weisen fort, und zwar mit einer negativen und zwei positiven Fortsetzungen, die Sie sich vorstellen können. Machen Sie dazu konkret folgende zwei Schritte:

1. Schildern Sie in einem oder zwei Worten das Ende der Situation, also das Ergebnis.
2. Schildern Sie die Entwicklung dahin und beschreiben Sie konkret das eigene Verhalten, das zu diesem Ergebnis beigetragen hat.

Szene 1

Sie treffen beim ersten Date auf einen sehr interessanten Menschen. Mit Schrecken stellen Sie fest, dass derjenige dreckige Fingernägel hat. Innerlich nehmen Sie bereits Abstand, aber dann entwickelt sich das Gespräch wider Erwarten sehr gut. Nach einer Weile nehmen Sie sich ein Herz und fragen das Gegenüber auf offene und interessierte Art und Weise, warum er mit dreckigen Fingernägeln zum Date kommt. Wie entwickelt sich die Situation jetzt weiter? Treffen Sie drei Voraussagen!

Treffen Sie unterschiedliche Voraussagen

Voraussage 1

Ergebnis: _____

Entwicklung: _____

Voraussage 2

Ergebnis: _____

Entwicklung: _____

Voraussage 3

Ergebnis: _____

Entwicklung: _____

Szene 2

Der potenzielle Partner befragt Sie auf dem ersten Treffen nach
Ihren sexuellen Gewohnheiten. Sie sind erstaunt, wenn nicht gar
empört, und antworten ihm: »Ich vermute, Sie fragen das, um mich
ins Bett zu bringen?« Wie entwickelt sich die Situation jetzt weiter?

Voraussage 1

Ergebnis: _____

Entwicklung: _____

Voraussage 2

Ergebnis: _____

Entwicklung: _____

ÜBEN SIE, IN BEZIEHUNG ZU SEIN!

Voraussage 3

Ergebnis: _____

Entwicklung: _____

Szene 3

Ihr potenzieller Partner erzählt, dass er mit seinem Expartner zusammen wohnt, aber nicht mehr mit diesem zusammen ist. Die beiden seien lediglich Freunde und befänden sich bloß in einer Wohngemeinschaft. Sie finden Ihr Gegenüber mehr als sympathisch und nehmen die Einladung, zu ihm nach Hause zu kommen, an. Wie entwickelt sich die Situation jetzt weiter?

Voraussage 1

Ergebnis: _____

Entwicklung: _____

Voraussage 2

Ergebnis: _____

Entwicklung: _____

Voraussage 3

Ergebnis: _____

Entwicklung: _____

Nachdem Sie die Übung gemacht haben, sehen Sie sich die Entwicklungen nochmals an. Stellen Sie fest, mit welchem Verhalten Sie die Situation in diese Richtung gebracht haben und wie Sie diese in eine andere Richtung hätten bringen können.

SCHLIESSEN SIE OFFENE BEGEGNUNGEN AB

Jeder Mensch kennt offene Begegnungen, also Begegnungen, die einem »nachgehen«, nicht aus dem Kopf gehen und einen immer wieder beschäftigen. Diese innere Unruhe hat einen Sinn. Man möchte begreifen, was damals eigentlich passiert ist. Man hat Vermutungen darüber, ist sich dessen aber nicht sicher. Um eine offene Begegnung abzuschließen, nimmt man am besten erneut Kontakt zu der Person auf. So lassen sich mit etwas zeitlichem Abstand eigene Deutungen überprüfen und neue Informationen sammeln. Das kann zu einiger Erhellung, Beruhigung oder auch Verwunderung führen, wie das folgende Beispiel zeigt.

Michelle ist 45 Jahre alt, sieht aber wesentlich jünger aus. In einem Urlaub auf Sylt lernte sie einen 51-jährigen, sehr wohlhabenden Mann kennen. Obwohl sie skeptisch war und in ihm einen »Schickimicki« vermutete, ließ sie sich auf eine Urlaubsbeziehung ein und entwickelte schließlich Gefühle für den Mann. Sie verbrachten eine schöne Zeit. Am Ende des Urlaubs fragte er sie nach ihrem Alter. Nachdem sie die Frage beantwortet hatte, hörte sie nichts mehr von dem Mann.

Diese Sache verunsichert und beschäftigt Michelle. Woran kann das gelegen haben? An ihrem Alter? Hatte er eine neue Frau kennengelernt? War sie nur eine Urlaubsbeziehung für ihn? War er vielleicht gebunden? Lag es an ihrem Verhalten? Hatte sie ihn unbemerkt verletzt? War sie nicht wohlhabend genug? Oder war es, weil sie nicht seinen sozialen Kreisen angehörte? Die Sache lässt Michelle keine Ruhe.

ÜBEN SIE, IN BEZIEHUNG ZU SEIN!

Durch die Beratung animiert nimmt sie nach Monaten telefonisch Kontakt mit dem Mann auf und fragt ihn nach den Gründen für den Abbruch. Der Mann gesteht ihr, dass es an ihrem Alter gelegen habe. Seine Freunde – allesamt reiche und ältere Geschäftsleute – hätten durch die Bank junge Frauen oder Freundinnen, keine sei über 35. Er gesteht den Grund aber nicht direkt, sondern durch einen spontanen Satz, der Michelle alles erklärt. »Mit dir«, rutscht es ihm heraus, »kann ich mich bei meinen Freunden nicht blicken lassen.« Michelle ist sprachlos. Monatelang hat sie gehadert und hin und her überlegt, woran es gelegen haben könnte. Jetzt ist sie sich sicher, dass der Mann »arm dran ist«. Sie ist nicht traurig oder wütend, sondern ernüchtert, der Mann tut ihr leid. Damit ist das Thema für Michelle erledigt, und sie ist froh, die Sache auf diese Weise geklärt zu haben.

Das Beispiel zeigt den Sinn der Aufforderung »Schließen Sie offene Begegnungen ab«. Durch neue Informationen kommt es zu Bedeutungsänderungen, und darüber hinaus kann man üben, offen und ehrlich Dinge anzusprechen, die man schon länger mit sich herumträgt.

Manchmal stellen sich bei dieser Klärung auch Missverständnisse heraus, wie im Beispiel von Brigitte auf Seite 81. Sie hatte das morgendliche Rauchen des Mannes als Zeichen gedeutet, keine Beziehung zu wollen, und erfuhr nachträglich durch seine Erklärung »Du warst halt immer gleich weg« von der Enttäuschung des Mannes. Beide wollten weitermachen, beide waren enttäuscht, und beiden ging die Sache nach. Hätten sie die Begegnung früher, nach einer oder zwei Wochen, geklärt, wäre es vielleicht möglich gewesen, den Faden wieder aufzunehmen. So aber war es für beide nicht mehr vorstellbar.

Schließen Sie **offene Begegnungen** ab

Den Weg frei machen

Offene Begegnungen abzuschließen kann Gedanken oder Gefühle auflösen, die ansonsten in weiteren Begegnungen zu Hindernissen werden. Räumen Sie deshalb hinter sich auf! Erinnern Sie sich an zwei offene Begegnungen und planen Sie, wann und wie Sie Kontakt mit den betreffenden Menschen aufnehmen. Machen Sie sich klar, was genau Ihnen nachgeht und worauf Sie genau eine Antwort oder Erläuterung suchen.

Natürlich gelingt es nicht in jedem Fall, an neue Informationen zu kommen, aber auch dann lautet die Erfahrung: Ich kann ansprechen, was mich beschäftigt – und wenn mein Gegenüber darauf nicht reagiert, wäre er wahrscheinlich für eine Beziehung mit mir nicht geeignet. Auch dann ist eine größere Klarheit entstanden.

Damit sind die »Vorübungen« abgeschlossen – und Sie können das Gelernte in der Praxis testen. Im folgenden Kapitel gebe ich Ihnen Anregungen für die drei Beziehungsphasen.

- Hören Sie mit der Beziehungssuche auf und fangen Sie mit zwangloser Begegnungssuche an.
- Finden Sie Ihre wunden Punkte und nehmen Sie dieses Wissen in eine Begegnung mit.
- Bleiben Sie offen für andere Deutungen.
- Probieren Sie unterschiedliche Reaktionen aus.
- Lassen Sie Voraussagen sein und bleiben Sie offen.
- Schließen Sie offene Beziehungen ab.

Die Kunst,
ein Partner zu werden

Anregungen für die **Sympathiephase**

Sie haben bereits erfahren, worin die Kunst besteht, ein Single zu bleiben. Sie wissen auch schon, wie Sie den Beziehungstrick anwenden und üben können, in Beziehung zu sein. Nun möchte ich Ihnen noch zeigen, wie Sie Herausforderungen bei der Partnersuche meistern können. Dafür gebe ich Ihnen zahlreiche Anregungen für die drei Phasen auf dem Weg zu einer Beziehung.

ANREGUNGEN FÜR DIE SYMPATHIEPHASE

In der Sympathiephase, ich habe es vorne beschrieben, klingelt es. Das kann unterschiedlich laut sein, manchmal allerdings klingelt es beinahe lautlos, sodass das Gegenüber davon nichts mitbekommt. Denn manche Betroffene sind zu schüchtern, um Sympathie zu zeigen. Was können Schüchterne tun, um ihre Hemmungen zu überwinden und zumindest in Kontakt zu geraten?

Kontaktaufnahme für Schüchterne

Schüchterne haben bereits sehr früh oder erst etwas später in ihrem Leben negative Beziehungserfahrungen gemacht. Daraus haben sie die (scheinbar wahre) Überzeugung gewonnen, sie wären nicht liebenswert, was sie an äußeren Merkmalen festmachen: Sie halten sich für zu dünn, zu dick, zu unscheinbar, zu irgendetwas. Natürlich sind diese »Wahrheiten« nicht wahr, denn zahllose Dünne wie Dicke führen Beziehungen. Die Frage ist nur, wie man die feste Überzeugung, nicht interessant für andere zu sein, und die damit verbundene Angst vor Zurückweisung auflösen kann.

Das geht nur, indem man andere Erfahrungen macht! Denn nur dadurch werden die starren Überzeugungen aufgelöst und bestehende Ängste relativiert. Doch da beißt sich die Katze in den Schwanz. Wie kommt man zu neuen, positiven Erfahrungen, wenn man schüchtern ist und sich versteckt? Woher kommt dann die nötige Portion Entschlossenheit?

Lassen Sie es mich so beschreiben: In jedem Schüchternen sind zwei Persönlichkeiten am Werk, eine zurückhaltende, deren Aufgabe die Schmerzabwehr ist, und eine sehnsüchtige, deren Aufgabe in der Bedürfniserfüllung liegt. Die Lähmung besteht, solange die zurückhaltende Person stärker ist als die sehnsüchtige. Also geht es darum, die Zurückhaltung zu schwächen und die offensive Seite zu stärken. Dann entsteht Entschlossenheit.

Der Schüchterne malt sich aus, was bei einem Anbahnungsversuch alles passieren könnte, das er sich lieber ersparen will. Er könnte sich blamieren, er könnte abgewiesen werden, er könnte frustriert und enttäuscht werden. Er könnte viele kleine Tode sterben, die sein Selbstwertgefühl weiter schwächen. Daher hofft er darauf, dass die Angst eines Tages verschwunden sein wird. Das ist ungefähr so, als ob man erst dann vom Zehnmeterturm springen möchte, wenn die Angst weg ist. Folglich wird man nie springen, denn die Angst wird nie verschwinden. Man muss **mit** der Angst springen. Wer das erkannt hat, kann entschlossener handeln.

Ein Entschlossenheitstest

Der folgende Entschlossenheitstest soll klären, wie ernst es Ihnen mit der Partnersuche ist. Nehmen Sie sich etwas Zeit, um die folgenden Fragen zu beantworten. Stellen Sie sich vor, Sie wären auf einer Party und hätten einen scheinbar interessanten Menschen registriert. Der steht dummerweise auf der anderen Seite des Raums und hat Sie bisher nicht wahrgenommen. Sie stehen da und würden gern rübergehen und ihn ansprechen, trauen sich aber nicht, sondern sind wie gelähmt. Was würde Sie jetzt, trotz aller Angst, dazu bringen, genau das zu tun: zu diesem Menschen

Anregungen für die **Sympathiephase**

zu gehen und ein Gespräch zu eröffnen? Auch wenn Ihnen die folgenden Vorschläge abstrus erscheinen, bitte ich Sie, sich dennoch ernsthaft Gedanken darüber zu machen, was Ihnen helfen würde, die Hemmschwelle zu überwinden. Machen Sie ein Kreuz an der entsprechenden Stelle.

Szenario 1

Ich würde die fremde Person ansprechen, wenn

- ○ ich dafür von Freunden gelobt werden würde.
- ○ ich damit einem Bekannten eine Freude machen könnte.
- ○ ich Spenden für ein Kinderheim sammeln würde.
- ○ ich dadurch eine Katze vor dem Tierheim retten könnte.
- ○ ich damit den Arbeitsplatz eines Kollegen retten könnte.
- ○ ich dadurch einen besseren Arbeitsplatz bekäme.
- ○ ich damit ein Menschenleben retten könnte.
- ○ ich eine Erfolgsgarantie bekäme.

Szenario 2

Ich würde die fremde Person ansprechen, wenn ich für den Versuch die Summe bekäme von

- ○ 5 Euro.
- ○ 20 Euro.
- ○ 100 Euro.
- ○ 500 Euro.
- ○ 1000 Euro.
- ○ 10000 Euro.
- ○ Ich würde es für kein Geld der Welt machen.

Wo ist Ihr Kreuz gelandet? Je weiter unten, desto weniger Entschlossenheit zeigen Sie. Dann bleibt Ihnen nur, den Deckel auf dem Topf

DIE KUNST, EIN PARTNER ZU WERDEN

zu halten und darauf zu warten, dass die Temperatur drinnen – Ihre
Ungeduld – wächst und zu mehr Entschlossenheit führt.

Kontaktaufnahme für Entschlossene

Wenden wir uns nun den mutig oder verwegen Suchenden zu,
bei denen es nicht lautlos, sondern hörbar und spürbar klingelt.
Diese signalisieren ihr Interesse, wenden sich dem Partner zu und
verabreden sich. Dass die nun beginnende Sympathiephase ihre
eigenen Herausforderungen hat, wird oft schon beim ersten Treffen
deutlich. Manchmal reicht der bloße Anblick oder einige Minuten Kontakt, um unwiderruflich zu wissen: Der oder die ist es mit
Sicherheit nicht!

Da hat sich einer 15 Jahre jünger gerechnet als er tatsächlich ist,
eine andere zieht ohne Unterlass über ihren Expartner her. Einer
fragt nach zehn Minuten, wann es endlich ins Bett geht, eine andere
will sofort Beruf und Verdienst wissen. Es gibt zahllose Schilde-
rungen enttäuschend verlaufener erster Begegnungen, bei denen es
nicht klingelt, sondern bei denen die Alarmglocken schrillen. Die
Herausforderung liegt darin, authentisch und gleichzeitig neugierig
zu sein – und etwas länger in Beziehung zu bleiben.

Herausforderung 1: neugierig und ehrlich sein

Man kann jemanden gleich verurteilen oder sich etwas länger für
ihn interessieren. Am Ergebnis – dass man ihn nicht wieder trifft –
mag das nichts ändern, aber am Ablauf des Treffens ändert das viel.
Normalerweise verlaufen solche Treffen verkrampft und werden als
nervend oder peinlich empfunden. Man hört anschließend Aussagen wie:»Ich habe eine Stunde so getan, als ob ich zuhöre, und
mich dann aus dem Staub gemacht« oder »Ich fand das unmöglich
und habe kein Wort rausgebracht«.

Anregungen für die **Sympathiephase**

Neugierige Fragen

Solche Treffen lassen sich als Übungsfelder nutzen. Man übt sich darin, einerseits neugierig und andererseits ehrlich zu sein. Eine neugierige Frage wäre beispielsweise: »Hast du geglaubt, ich würde den Altersunterschied zwischen deinem Foto und dir nicht bemerken?« oder »Wie kommst du darauf, dass ich bei diesem Treffen Sex suche?« oder ganz einfach »Warum fragst du nach meinem Verdienst?«. Auch wenn man glaubt, die Antwort des Gegenübers zu kennen, können sich unerwartete Motive ergeben oder zumindest einleuchtende Erklärungen.

Ehrliche Aussagen

Ehrliche Aussagen sind etwas schwieriger als neugierige Fragen. Wenn das Gegenüber beispielsweise vom Ex schwärmt, kann man aggressiv werden und ihn beleidigen. Ehrlicherweise sagt man aber: »Ich bin enttäuscht (oder verärgert) darüber.« Statt sich zu empören, sagt man ehrlicherweise: »Die Vorstellung, mit jemandem ins Bett zu gehen, zu dem ich keine Beziehung habe, stößt mich ab.« Ehrlichkeit bedeutet nicht, den anderen fertigzumachen, sondern erfordert es, Aussagen über sich selbst zu machen.

Neugier und Ehrlichkeit verändern nicht nur den Ablauf einer enttäuschenden Begegnung, sondern auch das Gefühl, mit dem man anschließend nach Hause geht. Statt wütend oder frustriert zurückzubleiben, statt verloren zu haben, hat man sich darin geübt, Fragen zu stellen und Dinge offen und direkt auszusprechen. Da etliche erste Treffen nicht in die Kontaktphase führen, ergeben sich ausreichend Gelegenheiten, sein Selbstbewusstsein zu stärken und aufrecht in andere Begegnungen zu gehen, die vielversprechender sind. Trifft man dann einen potenziellen Partner, bei dem das Interesse erwacht, wartet die nächste Herausforderung der Sympathiephase.

DIE KUNST, EIN PARTNER ZU WERDEN

Herausforderung 2: für gute Begegnungen sorgen

Wer sich das neue Ziel gesetzt hat, keine Beziehung zu suchen, sondern sich auf ziellose Begegnungen einzulassen, der legt die innere Checkliste beiseite und nimmt den Druck aus der Angelegenheit. Der Erwartungsdruck verhindert nämlich einen möglichen Beziehungsaufbau, weil er voraussetzt, was erst noch entstehen muss: gute Gefühle füreinander. Die Frage lautet also, wie man gute Gefühle zumindest ermöglicht. Erzwingen oder willkürlich erzeugen lassen sie sich nicht, aber sie lassen sich durchaus verhindern, weil sie in schlechten Begegnungen gar nicht erst aufkommen. Das Minimalziel eines ersten Treffens mit einem sympathischen Menschen sollte also lauten: Die Begegnung soll gut verlaufen, damit sich darin unter Umständen gute Gefühle entwickeln können.

Was sind die Kriterien einer guten Begegnung? Wenn suchende Singles gute Begegnungen hatten, sagen sie, sie hätten sich gut verstanden und wären gern zusammen gewesen. Ich schlage Ihnen vor, diese beiden Erwartungen mit in Ihre Begegnungen zu nehmen: Sorgen Sie dafür, dass Sie sich verstanden fühlen und gern mit dem Gegenüber zusammen sind. Bei diesen Minimalerwartungen sollten Sie keine Abstriche machen. Aber Sie sollten auch nicht mehr erwarten, schon gar nicht, den Partner fürs Leben zu finden.

Gute Begegnungen

Es ist ein riesiger Unterschied, ob jemand mit dem Ziel aus dem Haus geht, den Partner fürs Leben zu finden oder eine gute Begegnung zu haben, wie Beispiele aus der Praxis zeigen. Eine Frau berichtet, dass ein Mann mittleren Alters, der ihr im ersten Kontakt sympathisch war, nach zehn Minuten angeregten Gesprächs einen

Anregungen für die **Sympathiephase**

Zettel aus der Tasche zog, auf dem er seine Wertvorstellungen und andere Erwartungen notiert hatte. Mit den Worten »Dann kommen wir mal zur Sache« wollte er dann vom Gespräch zum Abgleichen gegenseitiger Erwartungen übergehen. Die Frau war »schockiert« und fühlte sich »taxiert«, woraufhin ihre beginnende Zuneigung für den Mann augenblicklich starb. Sie stand wortlos auf und ging kopfschüttelnd davon.

Ein Mann berichtet im Internet folgende Geschichte: Im Lauf eines guten E-Mail-Kontaktes erhielt er von der Frau einen Fragebogen zu allen möglichen Themen. Er ließ sich darauf ein, woraufhin er »in Aufsatzform einen typischen Tag aus meinem Leben« schildern sollte, und zusätzlich verlangte sie, er solle seine Vorstellungen eines erfüllten Daseins aufschreiben. Der Mann brach den Kontakt konsterniert ab.

Erwartungsdruck nehmen

Wenn solche Begebenheiten nicht tatsächlich passieren würden, müsste man sie erfinden, denn sie verdeutlichen, was Erwartungsdruck anrichten kann. Doch so extrem, wie es aussieht, sind diese Vorfälle gar nicht. Die meisten dauerhaft suchenden Singles tun das Gleiche, nur ziehen sie die Checkliste nicht aus der Tasche, sondern haben sie im Hinterkopf. Die Wirkung ist dieselbe: Die Begegnung wird von der einen oder anderen Seite beendet.

In den obigen Beispielen brach die Begegnung ab, weil die beiden Minimalanforderungen an eine gute Begegnung – sich verstehen und gern zusammen sein – nicht erfüllt waren. Die Partner, die die Flucht ergriffen haben, fühlten sich unverstanden und abgeschreckt. Man kann auch die schönsten aufkeimenden Gefühle unter einem Berg von Erwartungen begraben, wenn man zu verbissen das Ziel »Beziehung« verfolgt. Es lag sicher nicht in der Absicht des Mannes mit dem Zettel und der Frau mit dem Fragebogen, die potenziellen Partner zu vergraulen. Aber es ist ihnen perfekt gelungen, weil sie nicht für eine gute Begegnung gesorgt haben.

Schauen wir uns die beiden Minimalanforderungen für eine gute Begegnung, »sich verstehen« und »gern zusammen sein«, näher an.

Sich verstehen

Wann spricht man davon, sich zu verstehen? Das Wort selbst gibt einen Hinweis darauf: Um jemanden zu verstehen, muss man sich an seine Stelle begeben und seinen Standpunkt einnehmen. Wer sagt »Ich verstehe dich« sagt im Grunde »Wenn ich mich an deine Stelle versetze, kann ich nachvollziehen, was du erlebst«. Mit der Zusicherung »Ich verstehe dich« bestätigt man sein Gegenüber, dessen Gefühle, Gedanken, Einstellungen oder Verhalten. Diese Bestätigung bedeutet auf sozialer Ebene »Du gehörst zu uns«, auf persönlicher Ebene »Ich akzeptiere dich« oder sogar »Ich mag dich«, in jedem Fall aber »Ich wertschätze dich« oder »Ich achte deine Einstellung«.

Sich verstanden zu fühlen ist ein stark bindender Faktor in menschlichen Beziehungen, und das gilt erst recht für sich anbahnende Beziehungen. Aber wodurch entsteht das Gefühl, verstanden zu werden? Dafür ist eine verbale Äußerung wie »Ich verstehe dich« gar nicht nötig. Das Gefühl entsteht nämlich auf vielfältige Weise. Beispielsweise, indem man jemandem einfach nur zuhört. Oder ihm auf die Schulter klopft. Oder mit ihm lacht. Oder mit ihm Zeit verbringt. Indem man an seinen Geschichten und Erzählungen interessiert ist. Solches und anderes Verhalten lässt auf der anderen Seite das Gefühl entstehen, verstanden zu werden.

Drehen wir das Ganze um. Wenn man dem Gegenüber nicht zuhört oder durch Gesten oder das Verhalten keine Anteilnahme

Anregungen für die **Sympathiephase**

signalisiert, wenn man sich also nicht spürbar oder sichtbar in seine Lage versetzt, fühlt der andere sich alsbald unverstanden. Und wer sich unverstanden wähnt, der fühlt sich fast automatisch abgelehnt. Genau das ist passiert, als der Mann den Zettel aus der Tasche zog. Die Frau fühlte sich unverstanden, weil der Mann nicht **mit ihr** war. Er hat sich nicht in ihre Lage versetzt, sondern wollte völlig unvermittelt zu **seiner** Sache, dem Erwartungsabgleich, kommen. Nicht anders ging es dem Mann, der einen Aufsatz über einen typischen Tagesablauf schreiben sollte. Auch hier hat sich die Frau nicht **für ihn** interessiert, sondern wollte **ihr** eigenes Anliegen durchsetzen. Die Begegnungen wurden schlecht – und damit auch die Gefühle.

Beim Thema Beziehung geht es in erster Linie um Gefühle, also nicht um Fakten, sondern um emotionale Eindrücke. Es geht auch nicht darum, jemanden objektiv zu verstehen. Es geht darum, am anderen interessiert zu sein und ihm ein Gefühl zu geben, den Eindruck nämlich, ihn zu verstehen. Konkret heißt das: zuhören, nachfragen, Interesse zeigen.

Gern zusammen sein

Kommen wir zur zweiten Minimalanforderung, dem gern Zusammensein. Wann ist man gern mit jemandem zusammen? In einer Paarbeziehung sind die Gründe dafür vielschichtig, in einer Begegnung potenzieller Partner reichen Sympathie und Akzeptanz dafür aus. Da ein wenig Sympathie schon vorhanden ist, kommt es jetzt auf die gegenseitige Akzeptanz an. Der Begriff wird oft falsch verstanden, nämlich als Zustimmung, obwohl etwas anderes damit gemeint ist, nämlich Anerkennung.

Den anderen zu akzeptieren erfordert nicht, seinen Standpunkt zu teilen, seiner Meinung zu sein, ihm zuzustimmen oder seine Gefühle nachzuvollziehen. Es erfordert **anzuerkennen**, dass er einen

DIE KUNST, EIN PARTNER ZU WERDEN

eigenen Standpunkt oder bestimmte Empfindungen und Gefühle hat. Akzeptanz besteht in der Anerkennung von Tatsachen. Dass zwei Menschen neben ähnlichen auch unterschiedliche Gefühle und Meinungen haben, ist eine solche Tatsache.

Den anderen anerkennen

Anerkennung zu geben ist eine leichte Aufgabe, wenn man gleicher Ansicht ist. Dann sagt man vielleicht: »Das sehe oder empfinde ich genauso«, es stellen sich womöglich gute Gefühle ein und man kommt sich näher. Doch auch, wenn man unterschiedlicher Ansicht ist oder unterschiedliche Empfindungen hat, kann man das Gegenüber anerkennen. Beispielsweise indem man sagt: »Da sind wir offensichtlich unterschiedlicher Meinung« oder »Das empfinden wir offenbar verschieden«. Anschließend vermeidet man Diskussionen darüber, ob die eine oder andere Seite Recht hat. Stattdessen tauscht man sich über Meinungen und Sichtweisen aus, wobei Neugierde auch hier der Schlüssel zu einem guten Kontakt ist.

Wenn der potenzielle Partner beispielsweise mit der Tür ins Haus fällt und gleich Sex fordert, kann man sagen: »Sex scheint dir wichtiger zu sein als mir« und damit anerkennen, dass unterschiedliche Bedürfnisse da sind, ohne diese zu bewerten. Und man kann sich anschließend über die Unterschiede austauschen. Man muss dafür nicht akzeptieren, also machen, was der andere will, aber man kann akzeptieren, **dass** er es will.

Selbst anerkannt werden

Wem Unterschiede zwischen sich und dem potenziellen Partner auffallen, der kann diese Tatsache akzeptieren. Was aber, wenn dem anderen gar nicht auffällt, dass man unterschiedliche Meinungen, Gefühle oder Bedürfnisse hat? Wenn der andere die eigenen

Erwartungen für selbstverständlich hält und sie einem überstülpen möchte? In dem Fall muss man dafür sorgen, vom anderen anerkannt zu werden.

Dazu ist kein Kampf nötig. Man braucht lediglich einige Fragen zu stellen, die auf die unterschiedliche Lage aufmerksam machen. Wenn der Mann aus dem obigen Beispiel eine Checkliste aus der Tasche zieht, genügt die Frage: »Hast du das Gefühl, ich würde so einen Test gern machen?« Ebenso kann man sagen: »Ich fühle mich momentan ziemlich unverstanden« oder »Ich fühle mich gerade übergangen«. Ebenso könnte man sagen: »Ich habe nicht das Gefühl, dass du an mir interessiert bist«, oder die Sache noch direkter ansprechen: »Was du da tust, macht mir ein schlechtes Gefühl.« Mit solchen Fragen und Aussagen weist man sein Gegenüber auf Dinge hin, die dieser nicht wahrnimmt und die den Eindruck erwecken, von ihm nicht akzeptiert zu werden.

Wer sich derart äußert, lenkt das Gespräch in gute oder zumindest in bessere Bahnen. Er lässt die Begegnung nicht einfach an die Wand fahren und gibt anschließend dem anderen die Schuld daran, sondern greift aktiv und gestaltend ein. Auch wenn man sich nicht näher kommt, blickt man doch auf eine gute Begegnung zurück, die frei von Urteilen und Schuldzuweisungen war, und in der man zu sich gestanden hat, ohne den anderen abzuwerten.

Herausforderung 3: ziellose Begegnungen haben

Wenn Ihnen das hier skizzierte ziellose Ziel »Begegnung statt Beziehung« sinnvoll erscheint, nehmen Sie sich vor, in der nächsten Zeit zahlreiche solche Begegnungen zu haben, die beide Minimalanforderungen, »verstehen« und »gern zusammen sein«, erfüllen. Mehr ist gar nicht nötig, nicht einmal, dass eine solche Begegnung lange dauert.

DIE KUNST, EIN PARTNER ZU WERDEN

Fünf-Minuten-Begegnungen

Schlichte Fünf-Minuten-Begegnungen können Sie überall einleiten, am Bahnhof, am Arbeitsplatz, beim Einkaufen, in der Freizeit, beim Spazierengehen. Wenn die Personen Ihnen bekannt sind, wird es natürlich leichter sein, sie anzusprechen. Wenn es sich um Fremde handelt, können Sie sich die Sache erleichtern, indem Sie Ihre Absichten offenlegen, etwa indem Sie sagen: »Ich habe ein Buch gelesen, da soll ich eine Aufgabe erfüllen: Fünf Minuten auf gute Weise mit jemandem verbringen. Hätten Sie Lust, das mit mir zu versuchen?« Und wer nicht so locker ist, kann Zufallsbegegnungen, wie man sie oft hat, auf fünf Minuten ausdehnen.

Dabei ist es nicht erforderlich, Fünf-Minuten-Begegnungen nur mit potenziellen Partnern zu haben. Es kann sich um irgendjemanden handeln, Hauptsache, die beiden Mindestanforderungen werden erfüllt. Das sollte nicht schwer sein, solange Sie Interesse am Gegenüber zeigen. Nach der kurzen Begegnung sollten Sie dann feststellen, ob diese erfolgreich war. Das heißt, ob Sie das Gefühl hatten, akzeptiert zu sein und in dieser Zeit gern im Kontakt waren. Prüfen Sie aber auch, ob Sie Ihr Gegenüber akzeptieren konnten, ohne es zu verurteilen.

Ein-Stunden-Begegnungen

Wenn Sie Begegnungsexperimente auf Treffen mit suchenden Singles beschränken, reicht der Zeitraum von fünf Minuten kaum aus. Nehmen Sie sich dennoch beim ersten Treffen mit potenziellen Partnern nichts anderes vor, als mit einem guten Gefühl und dem Eindruck, einander verstanden zu haben, auseinander zu gehen. Sie können das Date von Anfang an auf eine Stunde begrenzen, indem Sie ankündigen, Sie hätten nur eine Stunde Zeit. Danach haben Sie dann die Möglichkeit zu überprüfen, ob sich auch Ihr Gegenüber

Anregungen für die **Sympathiephase**

wohl und verstanden gefühlt hat. Eine diesbezügliche Nachfrage eröffnet weitere Gesprächs- und damit Begegnungsmöglichkeiten.

Ein-Tages-Begegnungen

Wenn Sie und der potenzielle Partner zu einer Ein-Tages-Begegnung bereit sind, stehen Sie kurz vor dem Eintritt in die Kontaktphase. Eine Ein-Tages-Begegnung erfolgreich, also verständnisvoll und mit gutem Gefühl zu führen, stellt schon eine größere Herausforderung an die kommunikativen Fähigkeiten dar. Beherzigen Sie zu deren Bewältigung die folgenden Hinweise.

Herausforderung 4: Eindrücke austauschen

In der Sympathiephase hat es in irgendeiner Weise geklingelt. Allerdings kann man selbst die lauteste Klingel abstellen, indem man negative Reaktionen aufeinander hervorruft. Die üblichen »Fehler« beim ersten Treffen sind bekannt: Der eine redet ohne Unterlass von sich und schneidet hemmungslos auf. Ein anderer ist so aufgeregt, dass er zu tief ins Glas schaut. Der nächste fällt mit der Tür ins Haus und überschüttet sein Gegenüber mit Erwartungen. Ein anderer trägt zu dick auf und organisiert irgendein spektakuläres Event. Manche solcher überdrehten Verhaltensweisen laden zum Schnellgericht geradezu ein. Doch man kann auch auf einfache Weise negativ auffallen. Da kommt einer mit ungewaschenen Haaren oder eine ist bis zur Unkenntlichkeit geschminkt. Die nächste will das Essen bezahlen, ein anderer will unbedingt getrennte Kasse machen. Man kann alles Mögliche finden.

Das alles ist menschlich, und deshalb will ich dazu keine Tipps geben. Ich bin nämlich nicht der Ansicht, dass potenzielle Partner alles richtig machen und in jedem Fall einen guten Eindruck hervorrufen könnten. Schließlich weiß man ja nicht, welcher Eindruck vom anderen gewünscht wird. Deshalb halte ich auch wenig von pauschalen Tipps wie »Ziehen Sie sich ansprechend an« oder »Zeigen Sie sich von Ihrer besten Seite«. Man kann sich perfekt stylen und dadurch die gleiche Enttäuschung hervorrufen wie durch ein lässiges Outfit. Eine Frau berichtet im Internet, sie habe ihren Mann kennengelernt, als sie verschwitzt, schmutzig, schlecht gelaunt und ungeschminkt versuchte, ihr Auto zu reparieren. Ein Mann berichtet, dass er seine Frau im Krankenhaus kennenlernte, wo sie alles andere als einen guten Eindruck machte. Was immer man tut, man weiß nicht, wie es ankommen wird. Nur eines steht fest: dass man Eindrücke vom Gegenüber gewinnt, seien es positive oder negative.

Positive Eindrücke muss man wohl nicht hinterfragen, es genügt, wenn man um ein nächstes Treffen bittet: »Ich möchte dich gern wiedersehen«, oder man fragt: »Hast du Lust, mich wiederzusehen?« Dann ist klar, dass mehr Sympathie vorhanden ist und man mit dem potenziellen Partner in die Kontaktphase gehen will. Interessanter sind hier negative Eindrücke, wie sie unvermeidlich bei fast jedem Treffen auftauchen.

Mit negativen Eindrücken umgehen

Negative Eindrücke weisen auf enttäuschte Erwartungen hin. Der andere ist anders, als man ihn sich vorgestellt hat. Doch halt – **ist** er anders oder **wirkt** er anders? Das bei Enttäuschungen sofort einberufene Schnellgericht urteilt nach den ersten negativen Eindrücken. Dreckige Fingernägel – das geht gar nicht! Rote Rosen beim ersten Date? Ein absolutes No-Go! Schluss und fertig. Man **kann** mit seinem Urteil richtig liegen, schließlich ist Sympathie Gefühlssache und keine Frage der Abwägung. Vielleicht ist der andere ja tatsächlich so, wie er wirkt. Die Frage ist nur, ob man die Beweisaufnahme nicht ein wenig verlängern sollte, um weitere Informationen zu erhalten,

Anregungen für die **Sympathiephase**

die die Gefühle und damit das Urteil des Schnellrichters möglicherweise beeinflussen und schräge Eindrücke gerade rücken können.

Den Eindruck überprüfen

Wenn Sie von jemandem einen schrägen Eindruck gewonnen haben, ist es Zeit für den Eindruck-Test. Damit bringt man sein Gegenüber dazu, mehr Wesentliches von sich preiszugeben, indem man seinen Eindruck von ihm preisgibt. Im Klartext würde man ihm oder ihr beispielsweise sagen: »Du machst auf mich einen ungepflegten Eindruck« oder »Du machst auf mich den Eindruck, als ob du ein sexuelles Abenteuer suchst und keine Beziehung« oder »Du machst auf mich den Eindruck, als ob du deinen Expartner zurückwillst«.

Mit so viel Klartext fiele man allerdings mit der Tür ins Haus und würde den Partner unnötig provozieren und vielleicht auch verletzen. Deshalb sollte man seinen Eindruck selbst anzweifeln und andere Möglichkeiten offenlassen. Außerdem ist der Eindruck hier so formuliert, dass er sich auf die Person bezieht. Man begegnet aber nicht einer Person, sondern immer nur einem Verhalten oder bestimmten äußeren Merkmalen wie Aussehen, Gestik oder Geruch. Um Missklänge und Missverständnisse zu vermeiden, sollten beim Testen des Eindrucks einige Regeln beachtet werden:

- o Fragen Sie Ihr Gegenüber, bevor Sie Ihre Eindrücke überprüfen, ob es ihm recht ist, etwa so: »Interessiert es dich, welchen Eindruck du auf mich machst?« Wenn nicht, lassen Sie es sein!
- o Teilen Sie unbedingt mit, **was** diesen Eindruck hervorruft. Das ist immer ein Verhalten und nie die Person. Sagen Sie

DIE KUNST, EIN PARTNER ZU WERDEN

nicht: »Du machst auf mich den Eindruck eines Trinkers«, sondern beispielsweise: »Dass du schon drei Gläser Bier getrunken hast, macht auf mich den Eindruck, es mit einem Trinker zu tun zu haben.«

- Überprüfen und bezweifeln Sie Ihren Eindruck mit Formulierungen wie »Stimmt mein Eindruck oder sehe ich das falsch?« oder »Sehe ich das richtig oder irre ich mich?«
- Teilen Sie nur einen oder zwei wichtige, weil besonders störende, Eindrücke mit, nicht jede Kleinigkeit.
- Es ist tabu, Behauptungen aufzustellen, wie »Du **bist** ziemlich nervös …«. Bleiben Sie mit Ihren Formulierungen vage: »Das und jenes macht auf mich den Eindruck …«
- Verzichten Sie darauf, mit Ihrem Eindruck im Recht sein zu wollen, indem Sie zum Beispiel sagen: »Wenn du nicht geizig wärst, hättest du mich eingeladen.«
- Bleiben Sie locker und gestehen Sie dem Gegenüber zu, sich mit Ihrem Eindruck irren zu können.
- Beenden Sie den Austausch über Eindrücke, wenn Sie nicht länger daran interessiert sind. »Das reicht mir im Moment« oder »Jetzt weiß ich erst mal genug.«
- Teilen Sie nicht nur negative, sondern auch positive Eindrücke mit.

Selbstverständlich müssen Sie dem potenziellen Partner das gleiche Recht zugestehen, auch er kann seine Eindrücke mitteilen. Sie sollten sogar danach fragen. Wenn es gut läuft, entwickelt sich ein lockerer Austausch darüber, was den jeweiligen Eindruck hervorgerufen hat. Und jeder offenbart mehr von sich, als das im üblichen Smalltalk geschieht. Sie erhalten durch den »Test« also mehr persönliche Mitteilungen und erfahren auch mehr über Ihre eigene

Anregungen für die **Sympathiephase**

Wirkung auf das Gegenüber. Es lohnt sich also – selbst wenn dabei etwas nicht Wünschenswertes herauskommen sollte, so wie in dem folgenden Beispiel.

Eine 38-jährige Frau trifft auf einen 54-jährigen Mann, beide finden sich sympathisch. Er fragt sie schon im ersten Kontakt, ob sie sich vorstellen könnte, den Wohnort zu wechseln. Nach einer Weile äußert sie: »Sie machen auf mich einen sehr konservativen Eindruck.« Er stutzt und denkt kurz nach. »Das stimmt, ich bin wohl ein Anhänger der alten Schule.« Sie hakt nach: »Das bedeutet, dass eine Frau, die mit Ihnen zusammen wäre, ihre Arbeit aufgeben müsste?« Der Mann lacht: »Ja, das wäre wohl das Beste.« Die Frau lächelt und antwortet dann ernster: »Das spricht mich nicht an, im Gegenteil.« Nach einer anregenden Unterhaltung, die auch über die unterschiedlichen Rollenvorstellungen geht, sagt sie schließlich: »Ich denke, wir passen nicht zusammen. Es war dennoch interessant, Sie kennengelernt zu haben.«

Grundsätzlich kann eine Mitteilung des potenziellen Partners Ihren Eindruck bestätigen: »Stimmt, ich lege nicht viel Wert auf saubere Fingernägel«, oder widerlegen: »Ich hatte auf dem Weg hierher eine Reifenpanne und konnte mir die Hände noch nicht waschen.« Der vermeintliche Angeber erwidert vielleicht: »Stimmt, ich bin kein zurückhaltender Typ« oder »Wenn ich unsicher werde, schneide ich auf.« Wann immer etwas Unerwartetes auftaucht, wird es interessant.

Herausfinden, wie man aufeinander reagiert

Die Überprüfung des Eindrucks hält das Gespräch nicht flach, sondern führt es schon mehr in die Tiefe – und genau darum geht es gegen Ende der Sympathiephase. Die Reaktionen aufeinander führen entweder dazu, dass die noch sehr vage Beziehung verblasst, weil Abneigung und Distanz erzeugt werden – wie im obigen Beispiel der Frau, die sagt: »Das spricht mich nicht an.« Oder die Verbindung wird allmählich enger, weil beide Partner schräge Eindrücke gerade rücken, sich näherkommen und neugieriger aufeinander werden. Dabei ist offene Neugier das Hauptwerkzeug, das in der Sympathiephase zum Einsatz kommen sollte. Nehmen Sie dazu wichtige Formulierungen in Ihren Sprachgebrauch auf, die dabei helfen, diese Aufgabe umzusetzen, etwa:

- »Ich fühle mich so nicht wohl.«
- »Ich denke (dass du …) oder ich bin … (verärgert).«
- »Was du da sagst, ruft Abneigung bei mir hervor.«
- »Hast du den Eindruck, dass ich gern mit dir hier bin?«
- »Meinst du, dass wir uns gerade verstehen?«
- »Ich fühle mich momentan unverstanden.«
- »Ich habe nicht das Gefühl, dass du an mir interessiert bist.«
- »Ich habe den Eindruck … stimmt der?«
- »Dein Verhalten erweckt bei mir den Eindruck … ist dieser Eindruck richtig?«

ANREGUNGEN FÜR DIE KONTAKTPHASE

In der Kontaktphase treffen sich die potenziellen Partner wiederholt, machen Ausflüge, gehen essen oder verbringen auf andere Weise Zeit miteinander. Sie wollen feststellen, ob sie zueinander passen, das heißt, sie kommen zielorientiert zusammen – doch dazu ist es noch zu früh. Dennoch kann niemand gänzlich ohne Erwartungen einen Kontakt aufrechterhalten. Um unbelastet in den Kontakt zu gehen, empfiehlt es sich daher, nichts Bestimmtes zu erwarten, sondern lediglich etwas Unbestimmtes: nämlich eine interessante Erfahrung. Das ist sozusagen das Mindeste, was man über einen Annäherungsversuch sagen können sollte.

Die Herausforderung: Sorgen Sie für interessante Erfahrungen!

Mit einer **interessanten Erfahrung** in der Kontaktphase ist mehr gemeint als mit einer **guten Begegnung**, die Ziel der Sympathiephase ist. Interessant wird eine Begegnung, wenn man etwas Neues, etwas Erstaunliches, etwas Überraschendes oder etwas Spannendes erfährt oder erlebt. Ob es zu solchen interessanten Erfahrungen kommt, hängt hauptsächlich von der Bereitschaft ab, die Begegnung von der Oberfläche weiter in die Tiefe zu führen. Dazu ein Beispiel:

Eine 25-jährige Frau erfährt beim zweiten Treffen, dass der 28-jährige Mann gern mit ihr schlafen möchte. Sie ist zuerst entrüstet, fragt dann aber nach, was ihn glauben ließe, sie würde so schnell mit jemandem ins Bett gehen, und wieso sie das gerade mit ihm tun solle. Der Mann ist jetzt verunsichert und erklärt, es läge nicht an dem Eindruck, den sie auf ihn mache, sondern an seinem Bedürfnis. Das Gespräch geht weiter, nach und nach entsteht etwas Zutrauen auf Seiten des jungen Mannes. Nach einer halben Stunde erfährt sie, er habe noch nie mit einer Frau geschlafen und er glaube auch nicht, dass ihm das so bald gelingen werde. Alle Frauen würden so abweisend reagieren wie sie. Die Frau ist jetzt sprachlos und denkt nach. Schließlich sagt sie zu ihm, dass eine Frau dann mit ihm ins Bett geht, wenn sie ihn mag. Er solle deshalb keine Frau fürs Bett suchen, sondern eine

DIE KUNST, EIN PARTNER ZU WERDEN

> *Frau finden, die ihn mag, dann würde es auch mit dem Sex klappen. Die beiden gehen mit einem guten Gefühl auseinander.*
> *Von der Begegnung sagt sie anschließend: »Ich habe noch nie jemanden getroffen, der in diesem Alter noch keinen Sex hatte. Anfangs hat er versucht, cool zu tun, aber dann war er ganz unsicher. Am Ende hat er mich gerührt. Er sagte, für ihn war es das erste Mal, dass er nicht abgelehnt wurde. Ich war ja auch kurz davor, ihn niederzumachen wegen seiner Masche.«*

Die Frau beschreibt hier eine interessante Erfahrung, von der sie im Freundeskreis sicher oft erzählen wird. Es ist keine Beziehung entstanden, und das war auch nicht das Ziel. In Bezug auf die Absicht, selbst für eine interessante Erfahrung zu sorgen, hat sie das Ziel der Kontaktphase aber erreicht – indem sie neugierig war und offen blieb. In der Kontaktphase gibt es aber noch weitere Werkzeuge, vor allem das Wundern und das Staunen.

Wundern Sie sich!

Wie wichtig konsequentes Wundern ist, zeigt das folgende Beispiel:

> *Eine 32-jährige Frau traf einen 41-jährigen Mann zu einem dritten Treffen in einer Kneipe. Auch dieses Gespräch verlief, wie die beiden davor, in positiver Stimmung. Bei der Frau hatten sich gute Gefühle eingestellt, manchmal spürte sie sogar etwas Herzklopfen. Eine vage Hoffnung, dass mehr möglich sein könnte, war erwacht. Dann ging der Mann auf die Toilette und ließ ein kleines Kästchen auf dem Tisch liegen. Er hatte mit der Neugier der Frau gerechnet, sie öffnete es und fand darin zwei Eheringe. Von diesem Moment erzählt sie in der Beratung Folgendes: »Ich habe das erst*

Anregungen für die **Kontaktphase**

gar nicht begriffen und geglaubt, es wären Erbstücke oder sonst was. Aber in dem einen Ring war mein Name eingraviert, nur das Datum fehlte. Zuerst war ich platt, doch dann sauer, dass der Kerl sich einbildet, ich wäre so einfach zu haben. Schließlich fand ich das Ganze nur noch merkwürdig.«

*Diesen Eindruck erhielt sie aufrecht und **wunderte sich**. Sie teilte dem Mann mit, dass sie die Sache »sehr merkwürdig« finde – und es gelang ihr sogar, das frei von Vorwürfen in einem verwunderten Tonfall zu sagen. Der Mann erklärte ihr verwirrt, Frauen würden doch auf so etwas warten, er hätte geglaubt, sie freue sich. Die Frau blieb auf ihrer Spur und fand es nun merkwürdig, dass er das gerade von ihr annehmen würde, ob sie ihm denn einen Anlass dazu gegeben habe. Nein, sagt er, aber er würde sie mögen und habe geglaubt, er komme ihr damit entgegen. Die Aussage, er würde sie mögen und wolle ihr entgegenkommen – statt sie zu vereinnahmen – versöhnte die Frau etwas, weshalb das Gespräch weiterlief. Beide erzählten einander anschließend von Erfahrungen mit anderen potenziellen Partnern, die sie nicht recht einordnen konnten. Das war der interessanteste Teil des Gesprächs. Sie trafen sich noch häufiger, verbrachten auch eine Nacht miteinander, kamen dann aber zu dem Ergebnis, dass es nicht ausreichend gefunkt hatte. »Aber«, so sagt die Frau rückblickend, »es ist nichts Negatives zurückgeblieben, es war sogar eine gute Erfahrung.«*

Diese interessante Erfahrung war möglich, weil die Frau nicht verurteilte, sondern sich konsequent wunderte. So wie man sich ganz automatisch auf Reisen wundert, wenn man fremden Bräuchen begegnet. Dann verurteilt man diese nicht, sondern wundert sich und forscht nach deren Sinn. Wer sich dem potenziellen Partner gegenüber konsequent wundert, lässt die Möglichkeit offen, dass auch das

147

DIE KUNST, EIN PARTNER ZU WERDEN

merkwürdigste Verhalten einen Sinn ergeben muss – auf jeden Fall für den, der es an den Tag legt. Im obigen Beispiel sollte der Ring signalisieren: »Ich mag dich und ich will deinen Erwartungen entgegenkommen.« Er hat aber bei der Frau den Eindruck erzeugt, sie vereinnahmen zu wollen. Dass es nicht gleich zum Bruch kam, war der Fähigkeit der Frau zu verdanken, sich konsequent zu wundern und das eigene Urteil hintanzustellen.

Staunen Sie!

Etwas höhere Anforderungen als das Wundern stellt das Staunen an den suchenden Single. Wer sich wundert, ist nicht sonderlich betroffen und behält per se etwas Offenheit. Wer einen Vorfall bestaunt, steht hingegen nahe an der Schwelle zur Empörung.

So erging es einem Mann, der zum gemeinsamen Essen in der Wohnung einer »sehr interessanten Frau« eingeladen war. Beim Essen unterhielten sie sich angeregt, dann verschwand die Frau in der Küche, um den Nachtisch zu bereiten. Der Mann sah sich im Wohnzimmer um, im Bücherregal fiel sein erstaunter Blick auf eine kleine Sammlung von fünf Pornovideos. So etwas hatte er noch nicht gesehen, zumindest bei einer Frau, und er war »bass erstaunt«. Augenblicklich setzte eine Reaktion ein. »Ich habe gemerkt, wie ich innerlich Abstand zu der Frau nahm.« Als sie aus der Küche kam, drückte er sein Erstaunen aus, obwohl es ihm nicht leicht fiel, dieses in neutrale Worte zu fassen. Sie erklärte ihm, die Pornos wären »von ihrem geschiedenen Mann«. Er beruhigte sich und rückte ihr innerlich wieder etwas näher. Als die Frau ihm dann sagte, sie habe die Filme behalten, weil sie »sehr ästhetisch sind und ich sie manchmal ansehe, um mich zu

Anregungen für die **Kontaktphase**

*stimulieren«, war er wiederum verunsichert und fühlte sich hin-
und hergerissen. Er wusste nicht recht, was er davon halten sollte,
und fragte deshalb nach, ob sie die Stimulierung auch beim Sex
mit einem Mann brauche. Sie lachte, verneinte das und erklärte
ihm, dass es sich dabei um »Sex mit mir selbst«, also um Selbst-
befriedigung, handle und dass sie sich zu allen Zeiten unabhängig
vom Partner auch selbst befriedigt habe. Dem Mann erschien das
nicht fremd, er tat das Gleiche, nur ohne Pornofilme. Ihm war
mittlerweile, als habe das Thema ihn näher an die Frau gebracht.
In so kurzer Zeit hatte er sich nie zuvor über derart intime Dinge
unterhalten. Die Frau machte auch keine Anstalten sexueller An-
näherung, was ihn weiter beruhigte. Sie verabredeten sich erneut.*

Erforschen Sie Rätsel!

Die große Gefahr bei den Treffen in der Kontaktphase besteht darin,
einander in Schubladen zu stecken und vorgefertigten Reaktionsschemata zu folgen. Jeder tut so, als wüsste er genau, was diese Äußerung
oder jenes Verhalten zu bedeuten habe. Dabei sind viele Verhaltensweisen rätselhaft. Selbst wenn zwei Männer unabhängig voneinander Eheringe zu einem ersten Treffen mitbringen, hat das für jeden
eine andere Bedeutung, und es stehen unterschiedliche Geschichten
dahinter. Der eine war vielleicht noch nie verheiratet und verspricht
sich von dem Ritual das große Glück, der andere mag die Frau ins
Bett bringen wollen, indem er ihr das Blaue vom Himmel verspricht.

*Eine Frau bekam beim dritten Treffen ein wertvolles Geschenk
von ihrem Verehrer. Sie lehnte es nicht ab und nahm es auch nicht
an. Stattdessen rätselte sie offen über den unerwarteten Vorgang:*

DIE KUNST, EIN PARTNER ZU WERDEN

> »Ich rätsle schon eine ganze Weile, welchen Sinn dieses Geschenk machen soll.« Der Mann meinte, sie solle es ruhig annehmen, er könne es sich leisten. Daraufhin lehnte sie das Geschenk freundlich ab, nun war es an dem Mann zu staunen. Er erfuhr, dass sie solche Geschenke nur annehme, wenn sie von Herzen kämen. Der Mann war betroffen, aber das Gespräch ging weiter, und zwar auf einer vertieften Ebene.

Wie soll man den Sinn und die Bedeutung von Äußerungen und Verhaltensweisen erkennen, ohne das Gegenüber in Schubladen zu stecken? Wie soll man für eine interessante Erfahrung sorgen? Dazu sind die Werkzeuge Neugier, Wundern und Staunen unerlässlich. Mit diesen Werkzeugen intelligenter Dummheit lassen sich mehr und neue Informationen hervorholen, die man bis dahin nicht sah, nicht wusste, nicht dachte oder nicht für möglich gehalten hätte – und die deshalb die Bedeutung der Vorgänge verändern.

Reaktionen folgen auf Reaktionen

Wem es gelingt, bei Treffen neugierig zu bleiben, sich zu wundern und immer wieder zu staunen, für den klärt sich das Bild nach und nach. Er lässt negativen und positiven Gefühlen Zeit, sich zu bilden und sich zu verändern. So stellt sich allmählich heraus, wie die beiden potenziellen Partner aufeinander reagieren und was dadurch entsteht: Abneigung oder Gleichgültigkeit oder mehr Zuneigung. Diese gründlichere Klärung ist möglich, wenn kein Schnellgericht einberufen und keine Ego-Falle aufgebaut wird, und man sich stattdessen auf sein Gegenüber bezieht und so die Kette der Reaktionen aufeinander verlängert.

Die Erfahrung, den anderen als Rätsel zu sehen und den Kontakt zu ihm zu verlängern, kann phasenweise wichtiger werden als das

Anregungen für die **Kontaktphase**

vermeintliche Ziel, den Partner fürs Leben zu finden. Eine Frau, die ein Jahr lang die drei Werkzeuge konsequent angewendet hatte, sagte darüber: »Ich habe zwar noch nicht den Richtigen getroffen, aber ich komme immer mehr zu mir und mache auch keinen Hehl mehr daraus, wie ich bin.« Die Frau beschreibt hier ein wichtiges Ziel, das ich mit diesem Buch verfolge: Sie beschreibt, wie ihre Fähigkeit zunimmt, in Beziehung zu sein, sich in Beziehung zu zeigen und darin zu bewegen. Von dort aus ist der Schritt in die Annäherungsphase nicht mehr so groß. Doch bleiben wir noch einen Moment in der Kontaktphase.

Bereiten Sie sich auf Kontakte vor!

Ich möchte Ihnen jetzt eine Übung ans Herz legen, mit der Sie sich auf zukünftige Treffen mit potenziellen Partnern vorbereiten können – und zwar so, dass Sie den Ablauf verändern können.

Während Sie die letzten Abschnitte gelesen haben, sind Ihnen vielleicht Situationen eingefallen, in denen Sie emotional reagiert haben und in denen es Ihnen auch zukünftig schwer fallen würde, neugierig zu bleiben, sich auf neutrale Weise zu wundern und offen zu staunen. Meist werden in solchen Situationen wunde Punkte berührt und Reaktionsschemata ausgelöst. Die folgende Übung wird Sie auf solche Situationen vorbereiten und Ihnen helfen, Ihr Reaktionsschema zu durchbrechen.

Wer sich auf eine Begegnung vorbereitet, bekommt normalerweise gute Tipps mit auf den Weg. »Mach dir die Fingernägel sauber, zieh was Schönes an, bring Blumen mit oder Pralinen, erzähl nichts von deinem Ex, wirke selbstsicher, übertreibe ein wenig oder lüge was das Zeug hält.« Die Qualität der Ratschläge verändert sich mit der Qualität der Ratgeber. Solche Tipps mögen richtig oder falsch sein, auf jeden Fall sind sie pauschal. Ich möchte Ihnen eine

151

andere, individuelle Art der Vorbereitung auf Begegnungen empfehlen: Schreiben Sie ein Drehbuch!

Drehbuch einer misslungenen Begegnung

Einem suchenden Single dürfte so etwas nicht schwer fallen, denn
er hat schon einige oder zahlreiche solcher »Reinfälle« mit oft
ähnlichem Ablauf erlebt. Hinterher sagt man: »Mist, dass ich immer
ausflippe« oder »Mist, dass ich das schon wieder hingenommen
habe« oder »So was passiert mir doch immer wieder.« Genau um
solche typischen Situationen geht es in dem kleinen Drehbuch. Es
geht nicht um Erfolg, sondern um Misserfolg. den Sie absichtlich
herbeiführen.

Das Wichtigste an diesem Drehbuch ist, dass der Hauptdarsteller, also Sie, so geschildert wird, wie er sich typischerweise verhält.
Schreiben Sie das Drehbuch auf ein Blatt. Ich möchte diese Aufgabe
mit zwei typischen Beispielen verdeutlichen. Einmal anhand eines
Bestimmers, dann am Beispiel eines Beschwichtigers. Das sind die
anfangs skizzierten extremen Möglichkeiten, in einer Begegnung
nicht in Beziehung zu sein, sondern sich am eigenen Ego zu orientieren und über oder unter den anderen zu stellen. Es geht in dem
Beispiel vorrangig darum, die Aufgabe zu verdeutlichen, Ihr eigenes
Drehbuch wird davon natürlich abweichen.

Drehbuch einer Bestimmerin

Einleitung: Wir sitzen im Café und haben zwei gute Stunden miteinander verbracht. Ich frage: »Wann sehen wir uns wieder?«

> 1. Szene: Er schweigt und denkt nach. Ich merke, wie ich unge-
> duldig werde. Ich sage: »Nun sag schon!«

Anregungen für die **Kontaktphase**

2. Szene:	Er schaut mich etwas verstört an und versucht einen Scherz: »Woher weißt du denn, dass ich dich wiederse-hen möchte?« Das soll witzig klingen, macht mich aber noch ungehaltener. Ich denke daran, meine Tasche zu nehmen und aufzustehen. Ich schaue ihn warnend an.
3. Szene:	Er sagt: »Ich habe in dieser und der nächsten Woche wenig Zeit.« Jetzt bekomme ich einen Kloß im Hals, da braut sich was zusammen. Ich denke: »Wenn er keine Zeit für mich hat, soll er es bleiben lassen. Ich lauf dem doch nicht hinterher!« Ich ziehe ein genervtes Gesicht, meine Finger trommeln leicht auf dem Tisch.
4. Szene:	Er sagt ausweichend: »Ich muss in meinen Kalender schauen. Ich ruf dich heute oder morgen an, gib mir deine Telefonnummer.« Jetzt reicht es mir. Das ist ja wohl die Höhe. Der hält mich wohl für dumm!
5. Szene:	Ich stehe auf und sage: »Lass mal stecken, das wird nichts mit uns. Wenn Du jetzt schon keine Zeit hast, wie soll das dann später aussehen?«
Finale:	Ich rausche enttäuscht ab, würdige ihn keines Blickes.

Vielleicht ist Ihnen aufgefallen, dass die Geschichte in der Gegen-wartsform erzählt ist, außerdem enthält sie die Gedanken und Gefühle des Betroffenen. Das sind wichtige Details, die Sie be-rücksichtigen sollten. Wenn Ihr Drehbuch fertig ist (es kann ruhig ausführlicher als dieses sein), analysieren Sie es folgendermaßen:

Titel:	Geben Sie dem Film einen Titel.
Star:	Geben Sie dem Hauptdarsteller einen beschreibenden Namen.

DIE KUNST, EIN PARTNER ZU WERDEN

Verhalten: Beschreiben Sie das typische Verhalten des Hauptdarstellers.

Logik: Beschreiben Sie die Überzeugung des Hauptdarstellers, die es **notwendig** macht, sich genau so zu verhalten.

Rat: Geben Sie dem Hauptdarsteller konkrete Hinweise, wie er sich künftig verhalten soll, damit die Begegnung besser abläuft.

Für das obige Beispiel sähe die Analyse etwa folgendermaßen aus:

Titel: Schon wieder kein Interesse!

Star: eine Drängende/Misstrauische

Verhalten: drängen, Druck machen

Logik: Der meint es nicht ernst, der will mich hinhalten! Frechheit! Das kann ich mir nicht gefallen lassen!

Rat: Komm runter. Frag nach, wie es für ihn ist. Bleib locker. Sag, dass du dich freuen würdest. Halte Ungewissheit aus. Zeige deine Unsicherheit. Sag ihm, dass du akzeptierst, wenn er dich nicht wiedersehen will, obwohl du es schade fändest. Bedanke dich für die Zeit, die er sich genommen hat.

Vergleichen Sie jetzt Drehbuch und Analyse. Im Drehbuch ist die Hauptdarstellerin auf einem Ego-Trip, in der Analyse wird ihr ans Herz gelegt, in Beziehung zu sein und die Begegnung auszudehnen. Schauen wir uns noch an, wie das Drehbuch für einen Single aussehen kann, dessen Verhalten am anderen Ende der Ego-Skala angesiedelt ist, nämlich bei der Anpassung.

Drehbuch eines Beschwichtigers

Einleitung: Ich sitze mit dieser super gut aussehenden Frau mittags in einem Café, und sie ist in Eile. Sie sagt: »Ich hab im Moment

Anregungen für die **Kontaktphase**

nicht viel Zeit, aber wir können uns übermorgen um die gleiche Zeit noch einmal sehen.«

1. Szene:	Ich finde das ziemlich blöd, ich hab schon für den heutigen Termin einen halben Urlaubstag nehmen müssen. Sie merkt, dass ich zögere und sagt: »Komm schon, wir machen was ganz Tolles!« Ich fühle mich geschmeichelt und nicke. Ich sage mir: »Ist ja nur ein halber Urlaubstag.«
2. Szene:	Sie fasst mich am Arm und sagt: »Ich hab momentan nicht so viel Zeit, zu viel Stress in der Firma.« Ich denke: »Nicht schon wieder eine, die nur ihren Beruf im Kopf hat!« Ich schaue sie offenbar missbilligend an, denn sie sagt: »Oder hast du ein Problem mit Frauen, die Wert auf ihren Job legen?«
3. Szene:	Ich bekomme einen Schreck und sage: »Nein, ist schon gut, ich komme.« Ich ärgere mich, dass ich umsonst Urlaub genommen habe, trau mich aber nicht, das zu zeigen. Ich denke: »Die kann schließlich jeden haben, den sie will!«
4. Szene:	Sie sagt: »Zahl das mal, ich hab mein Geld im Auto liegen lassen.« Ich runzle die Stirn, finde das nicht gut. Ich ziehe meinen Geldbeutel und zahle.
5. Szene:	Sie sagt: »Komm, bring mich zum Auto!« Ich stehe auf, fühle mich herumkommandiert. Sie sieht das, lacht und legt ihren Arm um mich. Die Berührung ist sehr schön. Ich lächle und komme mir fremdbestimmt vor.
6. Szene:	Am Auto gibt sie mir einen Kuss auf die Wange und sagt: »Bis übermorgen, ich freu mich!«

DIE KUNST, EIN PARTNER ZU WERDEN

Finale:	Sie steigt in ihr Auto und lässt die Scheibe runter. »Du gefällst mir«, sagt sie lächelnd. Ich finde das merkwürdig, fühle mich aber geschmeichelt und winke ihr nach.

Analysieren Sie auch dieses Drehbuch:

Titel:	Schon wieder nix gesagt!
Star:	der Mitmacher
Verhalten:	Nachgeben, zurückhalten, gute Miene machen.
Logik:	Ich darf sie nicht verärgern, die ist auf mich nicht angewiesen. So eine tolle Frau steht mir gar nicht zu.
Rat:	Sag, was dich stört. Frag nach, was ihr Verhalten bedeutet. Sag, was dich zögern lässt. Wundere dich über ihre Argumente. Sag, wie du dir das vorstellst. Bring dich ein und mach dich sichtbar!

Soweit diese kleinen Demonstrationen zweier Drehbücher. Wenn Sie Ihr eigenes Drehbuch geschrieben haben, wissen Sie, wie Sie eine Situation in die Sackgasse bringen oder an die Wand fahren lassen können. Das klarere Erkennen dessen, was Sie falsch machen und wie Sie es begründen, wird Ihnen dabei helfen, die Situation zu verändern.

Ziehen Sie ein Resümee!

Ich möchte Sie nun dazu auffordern, nach jeder Begegnung ein Resümee zu ziehen. Befragen Sie sich:

- War ich gern mit dem anderen zusammen?
- Welche wunden Punkte wurden berührt und wie bin ich damit umgegangen?
- Was habe ich Interessantes erfahren, und wie habe ich selbst dafür gesorgt?
- Wo habe ich den Kontakt zum anderen abgebrochen, und wie erkläre ich mir das?

Anregungen für die **Anbahnungsphase**

Fragen Sie auch bei Ihrem Gegenüber nach, wie die Begegnung für ihn/sie war. Und denken Sie daran, dass sich schräge Eindrücke bei einem erneuten Treffen gerade rücken lassen und Sie außerdem die Möglichkeit haben, offene Begegnungen abzuschließen, wie es auf Seite 123 beschrieben ist. Hier einige Formulierungen zum Wundern, Staunen und neugierig Bleiben:

- »Das wundert mich jetzt … ich hätte etwas anderes erwartet.«
- »Mich verwirrt das …«
- »Man würde denken … aber du sagst etwas anderes.«
- »Wie kommt das …?«
- »Das interessiert mich …«
- »Das verstehe ich nicht …«
- »So ganz habe ich das noch nicht begriffen …«
- »Es ist mir schleierhaft …«
- »Ich rätsle schon eine Weile …«
- »Bei mir ist das so … Wie ist es bei dir?«
- »Das hab ich noch nie gehört … Erzähl mal!«
- »Wenn ich jetzt nicht nachdenken würde, würde ich …«

ANREGUNGEN
FÜR DIE ANBAHNUNGSPHASE

Sie haben die Sympathiephase durchschritten, die Kontaktphase überstanden und bewegen sich auf die Anbahnungsphase zu. Allmählich rückt eine Beziehung in den Bereich des Vorstellbaren. Jetzt heißt es locker bleiben und keinesfalls die Werkzeuge Neugierde, Staunen und Wundern aus der Hand legen. Denn Singles wollen in der Anbahnungsphase mehr als nur gute Begegnungen haben (Sympathiephase) und interessante Erfahrungen machen (Kontaktphase). Sie wollen wissen, ob sie am lang ersehnten Ziel

DIE KUNST, EIN PARTNER ZU WERDEN

angekommen sind und endlich eine Beziehung entsteht oder nicht. Sie erwarten von sich oder dem potenziellen Partner eine Entscheidung, sie erwarten eine Festlegung. Eine derartige Entscheidung zu treffen wäre jedoch fragwürdig. Man kann sich nämlich weder für noch gegen Gefühle entscheiden.

Wer das versucht, dem ergeht es womöglich wie einer 39-jährigen Frau, die zutiefst verzweifelt in der Beratung erschien, weil es ihr nicht gelang, sich in ihren Freund zu verlieben. Der Mann war in sie verliebt und hatte um sie geworben, und weil sie meinte, in ihrem Alter sei es Zeit sich festzulegen, hatte sie beschlossen, es mit ihm zu versuchen: »*Ich dachte, es stimmt doch alles, wir verstehen uns, haben ähnliche Hobbys und Interessen, ich mag ihn sehr, also versuchen wir es. Die großen Gefühle werden schon kommen.*« *Auf diese wartete sie bereits vier Jahre! Dabei gab sie sich alle Mühe, küsste ihn, auch wenn ihr nicht danach war, versuchte, ihn zu begehren, und ließ mehr körperliche und emotionale Nähe zu, als ihr gut tat. In halbjährlichen Abständen hielt sie es nicht mehr aus und erklärte ihrem Freund, sie müsse ihn verlassen, weil sie ihn nicht liebe.* »*Das hat mich dann jedes Mal befreit, ich mochte ihn danach etwas mehr, aber nur zwei oder drei Tage lang*«, *berichtete sie.*
Die Frau hatte sich mit der verordneten Beziehung selbst in eine Zwangsjacke gesteckt, aus der sie in regelmäßigen Abständen ausbrach. Doch immer wieder versuchte sie es aufs Neue, zumal der Mann ihr zuredete zu bleiben und sie beschwor, die Gefühle würden schon noch kommen.

Auch in den Single-Foren des Internets wird die Frage der Entscheidung intensiv diskutiert. Beispielsweise findet man dort den

Anregungen für die **Anbahnungsphase**

Ratschlag, man solle sich bei der Entscheidung für eine dauerhafte Beziehung nicht vom Verliebtsein leiten lassen. Andere warnen vor dem Gegenteil, nämlich davor, sich für Vernunftbeziehungen zu entscheiden. Offen werden von suchenden Singles Vor- und Nachteile der verschiedenen Entscheidungen abgewogen und Für- und Dagegen-Listen aufgestellt, als handle es sich um eine Kaufentscheidung. Die Frage ist allerdings, ob das auch bei einer Beziehung funktioniert.

Eine bewusste Entscheidung?

Stellen wir die Frage anders: **Warum** sollte man sich für eine Beziehung entscheiden? Welche Gründe sprächen dafür? Weil man Sehnsüchte und Hoffnungen hat? Weil die biologische Uhr tickt oder einem die Felle davonschwimmen? Weil der andere in Ordnung zu sein scheint? Weil er ähnliche Pläne hat? Mit anderen Worten: weil man sich etwas vorstellt, das gegenwärtig nicht da ist? Das klingt nach Träumerei und Glücksspiel.

Welche Gründe sprächen sonst noch für eine Entscheidung? Weil man sich immer näher zum anderen hingezogen fühlt? Weil man ihn immer öfter vermisst und sich nach ihm sehnt? Weil mit ihm zusammen zu sein schön, anregend, vertraut und lebendig ist? Weil er gut tut? Weil man dabei ist, ihn in das eigene Leben einzubeziehen? Ja, kann man sagen, das sind gute Gründe, sich für eine Beziehung zu entscheiden. Aber: Wenn solche Gefühle vorhanden sind, ist die Entscheidung bereits gefallen und muss nicht mehr gefällt werden. Dann sind längst starke, bindende Gefühle da. Wer so vom anderen spricht und Derartiges für ihn empfindet, der befindet sich längst in einer Beziehung zu ihm. Ich denke daher, man sollte sich erst dann für eine Beziehung entscheiden, wenn man feststellt, eine zu haben. Also wenn die Entscheidung schon gefallen ist, ohne dass man bewusst etwas dazu getan hat.

Die Gefühle entscheiden

Die Rede von der Entscheidung für eine Beziehung ist so gesehen irreführend. Mit ihr gaukelt man sich vor, die Sache in der Hand zu haben. Man spricht von einer bewussten Entscheidung und glaubt, seine Motive und Gefühle zu überblicken. Man sagt, man habe es sich reiflich überlegt, und glaubt, der Verstand habe abgewogen. Doch wenn zwei Partner verkünden, sie hätten sich füreinander entschieden, verkünden sie lediglich nachträglich, was jenseits des Bewusstseins längst entschieden wurde. Nicht das Bewusstsein oder der bewusste Wille haben das Sagen, sondern die Gefühlswelt entscheidet, sie wägt Für und Wider ab und entscheidet nach eigenen Maßstäben, beispielsweise dem Ausmaß der Sehnsucht. Solche Gefühle lassen sich selbst durch die besten Absichten, eine gezielte Planung und die größte Bewusstseinsanstrengung nicht willentlich beeinflussen – und das gilt insbesondere für die Anbahnungsphase.

Damit ich nicht missverstanden werde, möchte ich betonen, dass sich Gefühle selbstverständlich beeinflussen lassen, darin liegt ja der Sinn der Ratschläge und Hinweise, die ich in diesem Buch gebe. Gefühle lassen sich durch zusätzliche Informationen, wie sie durch Neugier, Staunen und Wundern zu Tage gefördert werden, oft sehr stark beeinflussen. Aber sie lassen sich eben nicht **zielgerichtet** beeinflussen. Niemand kann sich bewusst dafür entscheiden, jemanden zu lieben. Niemand kann seinen Gefühlen Vorschriften machen, etwa auf den Partner zuzugehen oder sich von ihm zu entfernen. Daher kann ich Ihnen für die Anbahnungsphase nur empfehlen: Entscheiden Sie sich bewusst dafür, die Dinge geschehen zu lassen. Entscheiden Sie sich erst dann für eine Beziehung, wenn das bereits entschieden ist.

Anregungen für die **Anbahnungsphase**

Lassen Sie die Dinge geschehen!

Dieser Ratschlag hat es in sich. Er fordert Sie auf, die Vorstellung über Bord zu werfen, man könnte eine Beziehung »machen« oder »haben«. Eine Beziehung ist kein Ding, das man konstruieren, willentlich gestalten, besitzen kann. Man kann nur in Beziehung **sein**. Zerreißen Sie die Konstruktionszeichnung für Ihre Beziehung, vergessen Sie alle Pläne und bewegen Sie sich stattdessen von Begegnung zu Begegnung. Folgen Sie Ihrer Lust am Zusammensein, geben Sie Gefühlen Zeit und Raum. Und bleiben Sie so lange in der Anbahnung, bis Sie feststellen, dass Sie an den anderen gebunden sind und er an Sie. Dann können Sie die Entscheidung »Wir sind zusammen!« gern verkünden und sich öffentlich hinter die Beziehung stellen. Auch umgekehrt, wenn also keine Bindung entstanden ist, gibt es nichts zu entscheiden, sondern nur etwas anzuerkennen. Denn wie sollte man sich gegen eine Beziehung entscheiden, die real gar nicht entstanden ist?

Staunen Sie und wundern Sie sich!

In der Anbahnungsphase kommt es also darauf an, die Dinge geschehen zu lassen. Verbringen Sie Zeit mit dem Partner und stellen Sie fest, wie sich die gegenseitigen Reaktionen entwickeln. Beeinflussen Sie diese Entwicklung soweit es möglich ist, indem Sie die Werkzeuge Neugier, Staunen und Wundern anwenden. Eine Entwicklung ist dann grundsätzlich nur in zwei Richtungen möglich: Die potenziellen Partner kommen sich näher oder sie entfernen sich voneinander. Das herauszufinden ist aber kein linearer Vorgang, sondern ein wechselhafter Prozess, in dem man sich einmal näher kommt, dann wieder voneinander entfernt, sich erneut begegnet und sich, so es passt, allmählich aneinander bindet.

DIE KUNST, EIN PARTNER ZU WERDEN

Die Bindungen, die jetzt entstehen, sind meist fragiler Natur, sie sind störungsanfällig und nur begrenzt beanspruchbar. Umso wichtiger ist es, sich nicht auf schnelle Urteile und Deutungen zu verlassen, sondern diese im Kontakt zu überprüfen.

Die in der Anbahnung möglichen Problemkonstellationen sind so vielfältig, dass ich sie unmöglich alle behandeln kann. Dennoch möchte ich mit den folgenden Beispielen grundsätzliche Anregungen geben, wie man, auch wenn es ernster wird, entspannt in Beziehung sein kann.

Bleiben Sie neugierig!

Worte sind vieldeutig – diese Eigenschaft verbaler Äußerungen lädt zu Missverständnissen geradezu ein. Hinzu kommt, dass Kommunikation nicht nur verbal, sondern auch über Gesten, Haltungen, Stimmlagen und Tonvariationen verläuft. Das alles ist zu viel, um es als Sprecher oder Empfänger voll im Blick zu haben. Man sendet oder empfängt widersprüchliche Aussagen und fokussiert je nach Lage auf dieses oder jenes. Eine solch komplizierte Situation erfordert eine gewisse Genauigkeit im Gesprächsverhalten. Diese Sorgfalt bezieht sich nicht auf den Versuch, »richtig« zu kommunizieren, sondern im Falle von Komplikationen die Mühe der Klärung auf sich zu nehmen.

Da man in Gesprächen, wie in anderen Bereichen des Kontakts, nicht alles richtig machen kann, da Gespräche voller Fallgruben stecken, sollten sich potenzielle Partner gerade in der Anbahnungsphase bewusst Zeit nehmen und überprüfen, was gemeint war und was davon angekommen ist. Stellen Sie sich wieder vor, sie wären auf Reisen in fernen Ländern, wo Farben, Gesten und Worte eine andere Bedeutung haben, und Ihnen nichts anderes übrig bleibt, als sich zu wundern und nachzufragen.

Anregungen für die **Anbahnungsphase**

Überprüfen Sie, was gemeint ist

Zwei potenzielle Partner unterhalten sich über einen möglichen Urlaub. Sie schwärmen eine halbe Stunde von den Alpen und vom Wandern, und sie malen sich aus, wie schön es dort wäre. Dann sagt der Mann: »An der Nordsee ist es aber auch nicht schlecht!« An diesem Punkt kann sich das Gespräch in viele Richtungen entwickeln, etwa

- wenn die Frau darauf überhaupt nicht eingeht und nichts dazu sagt.
- wenn sie ihm zustimmt und die Möglichkeit, an die Nordsee zu fahren, offen lässt.
- wenn sie ärgerlich wird und ihn anblafft (weil sie glaubte, das Ziel wäre schon abgesprochen).

Je nachdem, wie die Frau die Bemerkung des Mannes versteht, bleibt die Situation entspannt, oder es kommen Spannungen auf. Bei Letzterem ist es hilfreich, nachzufragen, etwa mit den Worten: »Bedeutet diese Bemerkung, dass du nicht in die Alpen willst?« oder ganz offen: »Was meinst du mit dieser Bemerkung?« oder »Was willst du damit sagen?«

Worte gehen einem zwar meist locker über die Lippen. Aber Gespräche sind vergleichbar damit, sich mit geschlossenen Augen durch einen mit Möbeln (und Gerümpel) vollgestellten Raum zu bewegen. Jeden Moment kann man anecken, ohne das gewollt zu haben. Glauben Sie daher nicht, den anderen in jedem Fall richtig zu verstehen. Reagieren Sie nicht auf Ihre eigene Interpretation der Dinge, sondern überprüfen Sie diese, wann immer Missstimmungen aufkommen. Reagieren Sie nicht auf sich selbst, sondern bleiben Sie in Beziehung. Einfache und effektive Formulierungen, mit denen Sie das tun können, lauten:

DIE KUNST, EIN PARTNER ZU WERDEN

- »Verstehe ich richtig, dass du meinst …«
- »Bedeutet diese Aussage, dass …«
- »Ach so, du meinst also …«
- »Ich verstehe das so, dass …«
- »Jetzt habe ich den Eindruck …«

Eine gute Gesprächsführung in aufkommenden Spannungslagen ist mit einer archäologischen Ausgrabung vergleichbar. Man muss langsam und behutsam vorgehen. Auf diese forschende Weise bleiben Sie den Deutungen des Gegenübers auf der Spur und vergrößern die Möglichkeit, ihn richtig zu verstehen. Sie sollten aber noch mehr tun. Sie sollten in Gesprächen selbst dafür sorgen, dass der andere Ihre Äußerungen möglichst so aufnimmt, wie sie gemeint sind. Auch das ist oftmals nicht der Fall.

Überprüfen Sie, was verstanden wird

Worte sind oft trügerisch. Was man selbst meint und was der andere versteht sind oft zwei verschiedene Paar Schuhe. Das können die folgenden beiden Beispiele verdeutlichen:

Zwei potenzielle Partner unterhalten sich über Zukunftspläne. Sie spricht davon, sie könne sich vorstellen, in einem anderen Land zu leben. Er wird immer stiller und sagt schließlich: »Dann willst du etwas ganz anderes als ich.« Sie schaut ihn an und merkt an seinem traurigen Gesichtsausdruck, dass etwas schief gelaufen sein könnte. Sie fragt deshalb nach: »Wie ist das bei dir angekommen?« Er antwortet: »Na ja, halt so, dass wir in unterschiedliche Richtungen wollen.« Sie fühlt sich nun falsch verstanden und rückt den Eindruck gerade: »Ich habe nicht gesagt, dass ich Pläne

Anregungen für die **Anbahnungsphase**

habe und hier weggehen will. Ich bin aber offen dafür, nicht mein ganzes Leben in diesem Land zu bleiben.« Das hört sich für den Mann schon anders an, seine Stimmung hellt sich auf und er öffnet sich wieder.

Ein anderes Beispiel: Zwei potenzielle Partner, die in unterschiedlichen Städten wohnen, unterhalten sich über eine mögliche Zukunft. Er sagt: »Ich kann mir ein Leben mit dir vorstellen«, woraufhin sie freudig verkündet: »Dann suche ich mir eine Wohnung in deiner Stadt.« Glücklicherweise bemerkt sie, wie er zusammenzuckt und fragt nach: »Wie verstehst du das?« Nach einigem Hin und Her sagt er: »Ich stehe dann in deiner Schuld.« Das hat ihr Vorschlag für sie aber nicht bedeutet. Sie überzeugt ihn davon, es »auf eigenes Risiko zu tun«, auch wenn sie sich freuen würde, wenn es mit ihnen weiterginge. Diese Klärung hat zumindest dafür gesorgt, dass es jetzt weitergeht.

Verlassen Sie sich also nicht darauf, richtig verstanden zu werden. Vor allem wenn von der anderen Seite eine für Sie merkwürdige Reaktion kommt, ist es hilfreich zu überprüfen, was dort angekommen ist. Effektive Formulierungen hierfür lauten:

- »Wie verstehst du das?«
- »Wie ist das angekommen?«
- »Was ist bei dir angekommen?«
- »Was macht das mit dir?«

Solche einfachen Fragen können aufkommende Missverständnisse auflösen und verhindern, dass Gespräche destruktiv werden oder schließlich in einer Sackgasse enden. Sie ermöglichen es Ihnen, miteinander in Beziehung zu bleiben.

DIE KUNST, EIN PARTNER ZU WERDEN

Überprüfen Sie die Bedeutung

Wenn klar ist, dass man richtig verstanden wurde, sind die Fallgruben in Gesprächen aber noch nicht beseitigt. Denn das, was
verstanden wurde, kann für jeden eine andere Bedeutung haben,
und jeder kann verschiedene Konsequenzen daraus ziehen. Auch
das kann man überprüfen, wie das folgende Beispiel zeigt.

*Ein Mann und eine Frau sind sich näher gekommen. Beide haben
wenig Zeit und verabreden sich unverbindlich für die nächste Woche.
Sie weiß, dass er dann einen freien Tag hat, den einzigen freien Tag
im ganzen Monat, und plant einen Ausflug für beide. Als er ablehnt,
ist sie maßlos enttäuscht und zieht sich zurück. Bevor sie Konsequenzen zieht, kommt sie in die Beratung. Sie erklärt mir gegenüber, sie
wäre beziehungsmäßig ein »Hardliner, der alles oder nichts« will. Er
wolle offenbar nichts, und dann wolle sie auch nichts.*

Ich forsche mit ihr nach, was dieser Ausflug an seinem einzigen
freien Tag für sie bedeutet hätte. »Wenn er für mich seinen freien
Tag opfert, bedeutet das, er meint es wirklich ernst«, sagt sie. Von
dieser Deutung ausgehend hält sie es für selbstverständlich, dass er
es nicht ernst meinen kann. Wir sprechen über Deutungen, aber
die Frau lässt nicht locker. Sie beharrt darauf, dass die Sache »doch
völlig klar ist« und es da »überhaupt keinen Zweifel geben kann«.
Erst als ich sie damit konfrontiere, dass sie offenbar noch mehr für
selbstverständlich hält, stutzt sie: »Was meinen Sie?« »Sie halten
es beispielsweise für selbstverständlich, jemanden ungefragt in
Ihre Absichten einzuplanen, und erwarten, dass er funktioniert«,
antworte ich und übernehme jetzt die Rolle des Mannes, indem ich
mich stellvertretend für ihn empöre: »Was fällt dir ein, mich einfach
einzuplanen? Ich hab ja wohl ein Wörtchen mitzureden, wenn

Anregungen für die **Anbahnungsphase**

es um meinen einzigen freien Tag geht!« Dann persifliere ich in meiner Antwort die Frau: »Das ist ja wohl unverschämt, ich verliebe mich gerade in dich, und du willst den freien Tag für dich. Das läuft nicht, mein Junge, hier läuft das Spiel ‚Ganz oder gar nicht‘!«

Jetzt lacht die Frau und nickt. Sie geht mit dem Vorsatz zu einem neuen Treffen, ihn nach der Bedeutung seiner Absage zu fragen. Eine Woche später kommt sie mit folgenden Neuigkeiten zurück: Mit ihr einen Ausflug zu unternehmen hätte für ihn bedeutet, seine beiden Kinder, die bei der Exfrau leben, den ganzen Monat nicht sehen zu können. Und von ihr ungefragt eingeplant zu werden deutet er so, dass noch viele Kämpfe auf ihn zukommen. Deshalb hält er sich lieber zurück und will die Dinge in aller Ruhe, und keinesfalls »ganz oder gar nicht«, angehen. Die Frau verstand das und war wieder optimistischer. Die beiden blieben in Beziehung.

Herauszufinden, was etwas »für dich« und »für mich« bedeutet, ist manchmal mit etwas Aufwand verbunden. Aber es lohnt sich, weil damit Schnellschüsse und egozentrierte Aktionen vermieden oder Missverständnisse gerade gerückt werden.

Bringen Sie sich ein – offenbaren Sie sich!

Es gibt weitere Möglichkeiten, während der Anbahnungsphase in Komplikationen zu geraten und dennoch in Beziehung zu bleiben. Diese Möglichkeiten gehen über die Gesprächserforschung hinaus. Eine davon besteht in der Selbstoffenbarung. Lesen Sie dazu das Beispiel von Silke und Konrad:

> *Beide treffen sich zu ihrem ersten Spaziergang, dieser macht Silke aber keinen Spaß, denn Konrad spricht ohne Unterlass von anderen Frauen. Wenn eine gut aussehende Frau vorbeikommt, fragt er*

167

DIE KUNST, EIN PARTNER ZU WERDEN

Silke, wie sie diese finde. Silke erzählt später in der Beratung: »Ich dachte, er will mir signalisieren, dass er weitersucht. Ich hab mich gefragt, ob ich verletzt sein darf, wenn jemand so etwas macht. Ich war froh, als der Spaziergang vorbei war.« Silke fühlt sich zurückgesetzt. Die Frage, ob sie verletzt sein dürfe, ist hier eine merkwürdige Frage, denn offenbar ist sie schon verletzt. Aber Silke schweigt und erträgt das für sie Unerträgliche. Dadurch trägt sie ihren Teil dazu bei, dass der Spaziergang ein Reinfall wird.

Dabei ergeben sich schon aus den wenigen Worten ihrer Schilderung genügend Ansatzpunkte, wie sie die Situation konstruktiv beeinflussen könnte.

- Sie könnte nachforschen: »Was willst du mir signalisieren? Dass du eine andere suchst und mich loswerden willst?«
- Sie könnte sich öffnen: »Es verletzt mich, dass du von anderen Frauen schwärmst. Ich habe von diesem Spaziergang etwas anderes erwartet.«
- Sie könnte ankündigen: »Ich kann mir vorstellen, dass ich diesen Spaziergang beende, wenn ich mir weiterhin anhören muss, wie du andere Frauen findest.«

Auf solche Weise würde Silke ihre Eindrücke, Gefühle oder Absichten offenbaren. Wer sich so etwas vornimmt, muss allerdings darauf achten, **von sich** zu sprechen und nicht über den Partner. Weder eine Unterstellung: »Gib zu, dass du eine andere suchst!«, noch ein Vorwurf: »Du verletzt mich!« wären hilfreich. Sich zu offenbaren bedeutet, auf eigene innere Vorgänge hinzuweisen und dem anderen Einblick in die eigene Gedankenwelt, Gefühlslage oder in wunde Punkte zu gewähren. Das ist nicht immer einfach, wie das folgende Beispiel zeigt.

Anregungen für die **Anbahnungsphase**

> *Susi hat ihren »Fast-Freund« zu Hause besucht. Er ist offenbar schlecht gelaunt und macht einige Sprüche über ihre Frisur und ihre Kleidung. Sie ist verunsichert. Später in der Beratung erzählt sie: »Ich fand das verletzend und war sauer, aber so wollte ich nicht gehen. Ich habe ihn beim Abschied gebeten, mich in den Arm zu nehmen, doch das hat er nur ganz flüchtig getan. Das hat mich dann richtig sauer gemacht, dass er so grob damit umgeht, wenn ich ihm meine weiche Seite zeige.«*

Susis Reaktion ist nachvollziehbar, denn sie glaubte, sich offenbart zu haben. Doch tatsächlich hat sie den Mann zu einer bestimmten Handlung aufgefordert, und es ist anzunehmen, dass ihr Ärger auch in ihrem Tonfall enthalten war. Dann klang ihre Bitte wie ein Befehl, und dem Mann stand keine offene, sondern eine bestimmende Frau gegenüber. Sie hätte ebenso sagen können: »Los, nimm mich in den Arm, du hast etwas gutzumachen!«

Eine offene Susi hätte einfach gesagt: »Deine Bemerkung verletzt mich!« oder »Vorsicht, ich reagiere empfindlich, wenn ich mich abgewertet fühle!« oder »Ich bin nicht gekommen, um mir Sprüche über meine Frisur anzuhören.« Und das möglichst in einem offenen, ruhigen Ton.

Testen Sie Reaktionen auf Offenheit

Wer sich selbst offenbart, äußert sich über sich selbst, nicht über den anderen. Er lässt den Partner an seinen Gedanken, Gefühlen, Hoffnungen, Sehnsüchten oder Fantasien teilhaben und verspricht sich davon eine zustimmende, zumindest aber anerkennende und respektvolle Reaktion. Selbstoffenbarung ist ein aktiver, offensiver Vorgang, bei dem man sich als der zeigt, der man ist. Dazu ist eine Öffnung nötig, wie es das Bild auf der nächsten Seite verdeutlicht.

DIE KUNST, EIN PARTNER ZU WERDEN

Wer sich öffnet, gewährt Einblick und testet zugleich die Reaktion seines Gegenübers. Ist der andere bereit, sich auf die Öffnung zu beziehen? Nimmt er den offengelegten Zustand, die gezeigten Gefühle wahr und berücksichtigt diese? Ist es möglich, in Gegenwart des anderen »ich selbst« zu sein? Werde ich als der akzeptiert, der ich in der Beziehung sein möchte?

Natürlich geht man ein Risiko ein, wenn man sich selbst offenbart, beispielsweise nicht akzeptiert oder sogar verletzt zu werden. Dann kann man die Jacke wieder schließen und klarmachen, dass man sich das nicht gefallen lässt. Wer absolut sicher sein will, in einer Beziehung nicht verletzt zu werden, der sollte keine eingehen. Oder er spielt eine Rolle, und dann kann er sich nicht gemeint und nicht geliebt fühlen. Selbstoffenbarung ist das genaue Gegenteil davon, irgendeine Rolle zu spielen, etwa den Selbstbewussten zu markieren oder die Unverletzbare. Es lohnt nicht, in einer Beziehung dem anderen etwas vorzuspielen, irgendwann ist die Vorstellung doch zu Ende. Deshalb: Zeigen Sie gleich, wer Sie sind! Denn was wollen Sie mit einer Beziehung, in der Sie nicht zu 100 Prozent sein können, wer Sie sind?

Anregungen für die **Anbahnungsphase**

Selbstoffenbarung hat einen weiteren Effekt. Sie ermutigt den anderen dazu, sich ebenfalls zu öffnen. Und diesen Austausch nennt man dann »miteinander in Beziehung sein«.

Wundern Sie sich weiterhin und tauschen Sie sich aus!

Kommen wir zu weiteren Möglichkeiten, in der Anbahnungsphase in Beziehung zu sein. Wenn zwei sich kennen lernen, treffen sie auch auf unterschiedliche Ansichten und Meinungen. Es würde ja an ein Wunder grenzen, wenn zwei in allen Dingen auf der gleichen Wellenlänge lägen.

Das erfährt Petra bei ihrem dritten Treffen mit Johannes. Petra ist von dem gut aussehenden, intelligenten Künstler sehr fasziniert. Die Juristin arbeitet seit zwei Jahren in ihrem Beruf und hat große Pläne: Sie will sich auch politisch engagieren. Die beiden geraten in eine Diskussion über die aktuelle Sozialpolitik. Petra lässt sich dabei über Hartz-IV-Empfänger aus. Johannes, der selbst mehrere Jahre lang Sozialhilfe in Anspruch genommen hat, verteidigt diese Leute. Die Diskussion wird hitzig, bleibt aber unpersönlich. Johannes erzählt nichts von seiner Zeit als Sozialhilfeempfänger, und Petra schweigt sich über die Gründe ihrer Abneigung gegen dieselben aus. Schließlich platzt Johannes der Kragen und er wirft Petra Arroganz und Borniertheit vor. Petra reagiert verstört, und Johannes ist sauer. Sie gehen in Missklang auseinander.

Beide haben einen Kardinalfehler begangen: Sie sind in eine Diskussion geraten und in einen Streit darum, wer Recht hat und wer nicht. Eine stabile Beziehung hält derartige Engstirnigkeiten aus, in der Anbahnungsphase haben sie nichts zu suchen. Dennoch kann und will man seine Meinung sagen können, zumindest generell. Doch statt sich anzugreifen, hätten sich die beiden darüber **wundern** können, wie der andere die Lage sieht und beurteilt.

Wer sich über die Ansichten des potenziellen Partners wundert, fordert den anderen zur Darstellung seiner Meinung auf und gibt gleichzeitig zu erkennen, dass er bereit ist, seine Standpunkte kennenzulernen und ihm zuzuhören.

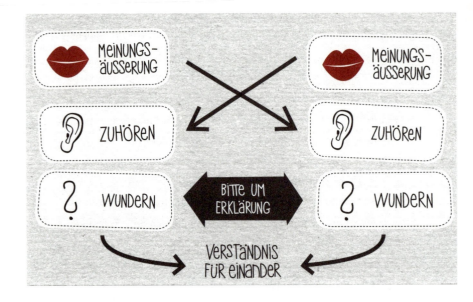

Mit einem Verhalten, wie es auf diesem Bild zu sehen ist, wäre es zu einem Austausch der unterschiedlichen Sichtweisen gekommen und nicht zu einem destruktiven Streit. Vielleicht hätte einiges von der Sichtweise des anderen sogar eingeleuchtet und zum Neudenken angeregt – und dann wären sich die beiden näher gekommen. Unterschiede sind unvermeidbar. Aber gerade in der Anbahnung ist es wichtig, nicht nach Wahrheiten zu suchen, sondern Interesse zu

Anregungen für die **Anbahnungsphase**

zeigen. Wenn potenzielle Partner anerkennen, dass es immer zwei Wahrheiten gibt, muss sich keiner falsch fühlen, aber jeder darf sich wundern. Sogar in extrem angespannten und emotionalen Momenten bewirkt das Werkzeug »Wundern« wahre Wunder, wie das nächste Beispiel verdeutlicht.

> *Mira und Niklas haben sich schon oft getroffen, verstehen sich gut und wähnen sich kurz davor, ein Paar zu werden. Eines Abends in einem Restaurant erleichtert Niklas sein Herz. Nachdem er drei Gläser Wein getrunken hat, erzählt er von seinem Leben mit Gudrun, seiner Ex, die sich vor sechs Monaten von ihm trennte. Mira hört zu und fühlt sich zunehmend unwohl. Ihr drängt sich das Gefühl auf, Niklas traure seiner Exfreundin nach und sei womöglich nicht bereit, eine neue Beziehung anzufangen.*

Statt ihn zu beschuldigen, bekommt sie die Kurve und wundert sich. Sie sagt: »Du scheinst sie sehr zu vermissen. Möchtest du sie wiederhaben?« Niklas stutzt und denkt nach. »Nein«, sagt er, »es war ziemlich schrecklich mit ihr, das will ich nicht nochmal erleben.« »Warum vermisst du sie dann so?«, wundert sich Mira weiter. Niklas braucht für die Antwort etwas länger, die Frage ist nicht leicht zu beantworten. Schließlich sagt er: »Ich vermisse nicht sie, ich vermisse die Leichtigkeit, die in den ersten Monaten da war.« Mit dieser Antwort kann Mira umgehen, diese Gefühle kann sie ihm lassen und fühlt sich weiterhin mit ihm verbunden.

Sich zu wundern ist eine offene und effektive Weise, Fragen zu stellen und Irritationen zu klären. Offen zu fragen ist in der Anbahnungsphase gut und nötig, aber den anderen auszufragen oder gar suggestive Fragen zu stellen ist kontraproduktiv. Anstatt etwas Neues zu erfahren, erreicht man damit nur Rechtfertigungen oder

Leugnungen. Einfache Formulierungen, mit denen Sie sich effektiv wundern können, lauten:

- »Merkwürdig, ich hätte erwartet, dass … statt dessen …«
- »Wie kommt es, dass …?«
- »Ich wundere mich darüber, dass …«
- »Findest du es nicht verwunderlich, dass …?«
- »Was bringt dich dazu, … zu sagen/zu tun?«

Staunen Sie weiterhin und bleiben Sie dumm genug!

Manchmal erfährt man in der Anbahnungsphase Dinge, über die man sich nicht wundert, sondern die einen ins Staunen versetzen oder sprachlos machen. Der andere tut etwas, das man nicht nachvollziehen kann, auch beim besten Willen nicht. Manchmal bleibt einem die Spucke weg, wie es der Frau im nächsten Beispiel geht.

Inga und Paul sind sich nahe gekommen, sie fühlen sich fast schon als Paar. In einer Diskussion über das Thema »Nachwuchs« auf einer Geburtstagsfeier sagt ein Freund zu Paul: »Du brauchst dir darüber ja keine Gedanken mehr zu machen«. So erfährt Inga, dass Paul sterilisiert ist. Sie ist geschockt. Einerseits fühlt sie sich stark an Paul gebunden, andererseits stellt die Tatsache, dass mit ihm Kinder nicht mehr möglich sind, eine Distanz zu ihm her. Sie wirft ihm vor, dass sie davon »zu spät« erfahren hat. Zu spät, um ihn einfach nicht wiederzusehen. Sie wirft ihm sogar vor, die Information absichtlich zurückgehalten zu haben. Paul ist gekränkt und reagiert sauer. Er wirft ihr vor, ihn nicht gefragt zu haben, wenn ihr das so wichtig ist. Die Beziehung hängt am seidenen Faden.

Anregungen für die **Anbahnungsphase**

An diesem Punkt kommen die beiden in die Beratung. Ich sage ihnen, dass ich die ganze Angelegenheit »ziemlich erstaunlich« finde. Beispielsweise kann man darüber staunen, dass Inga, obwohl ihr offenbar so viel an Kindern liegt, nie nachgefragt hat, ob er welche bekommen möchte und könnte. Oder darüber, dass Paul von ihrem starken Kinderwunsch so überrascht ist. Oder über die Heftigkeit der gegenseitigen Vorwürfe, die ja darauf hinweist, dass sie sich sehr mögen. Man kann auch über Ingas Erwartung staunen, Paul sollte längst darauf hingewiesen haben, und über seine Erwartung, sie sollte ihn vorher befragen. Am meisten kann man aber über die Selbstverständlichkeit dieser Erwartungen staunen, die jeder stillschweigend mit sich trug und die erst anhand dieses Vorfalls vom Partner wahrgenommen wurden.

Jeder tickt anders

Die beiden lassen sich auf das Experiment »Staunen« ein – und dadurch hören die gegenseitigen Vorwürfe auf. Jeder sieht ein, dass seine Erwartungen nur für ihn selbst, nicht aber für den Partner selbstverständlich sind. Der andere tickt tatsächlich anders. Merkwürdig, aber wahr! Der Streit ist damit beendet, eine gewisse Ratlosigkeit bleibt bestehen. Was nun? Dann tauchen Alternativen auf. Die beiden sprechen über Adoption, die ja möglich wäre, und darüber, dass man versuchen könnte, die Sterilisation chirurgisch rückgängig zu machen. Paul hätte vor solch einem Eingriff Angst, schließt ihn aber nicht aus. Die Beziehung ist an diesem Punkt wieder offen.

Je näher sich zwei kommen, desto mehr erfahren sie voneinander. Dabei wird nicht nur Verbindendes, sondern auch Störendes oder Trennendes deutlich. Es bleibt nicht aus, dass sich im Lauf einer Anbahnung (und auch einer Beziehung) Dinge herausstellen, die man vorher nicht für möglich hielt.

DIE KUNST, EIN PARTNER ZU WERDEN

So ging es Fried, der von Hanna so fasziniert war, dass er mit ihr in den Urlaub fahren wollte und sich noch vieles mehr vorstellen konnte. Sie schien die richtige Frau für ein zukünftiges Leben zu sein. Er favorisierte einen Tauchurlaub auf den Malediven, was Hanna rundweg ablehnte. In der anschließenden Diskussion erfuhr er, dass sie 80.000 Euro Schulden hatte. Fried war platt. Die Frau hatte nicht nur wenig Geld zur Verfügung – was ihm schon aufgefallen war –, sie schob auch noch einen Schuldenberg vor sich her. Er war entsetzt darüber, »*wie du einen Partner suchen kannst, wenn du so viele Schulden hast*«. *Er sagte ernsthaft:* »*Das hättest du mir gleich sagen sollen.*«*
Als Hanna das hörte, staunte sie nicht schlecht und fing herzhaft an zu lachen.* »*Was erwartest du von mir? Dass ich zum ersten Date meine Kontoauszüge mitbringe? Oder dass ich so lange auf eine Beziehung verzichte, bis die Schulden weg sind?*« *Hanna gab ihm einen Kuss auf die Wange.* »*Oder hast du Angst, für mich aufkommen zu müssen? Da mach dir mal keine Sorgen!*« *Nun war es an Fried zu staunen, nämlich darüber, wie locker jemand so viele Schulden nehmen konnte. Ihm wäre das unmöglich.*
Die beiden tauschten sich nun darüber aus, welche Bedeutung ihre Schulden für ihn und für sie haben. Er befürchtete, er müsse künftig alle Kosten für Urlaub, Essengehen etc. allein tragen. Für Hanna bedeuteten ihre Schulden eine Einschränkung, sie standen aber einer Beziehung nicht im Weg. Am Ende unterhielten sich die beiden darüber, wie sie mit dieser Situation umgehen könnten. Sie trafen die Regelung, keine finanziellen Ansprüche aneinander zu stellen. Das beinhaltete auch, dass Fried nicht von ihr verlangte, schnell von den Schulden weg zu kommen, und dass er unter Umständen allein Urlaub macht oder in ein teures Restaurant geht.

Anregungen für die **Anbahnungsphase**

Manches darf offen bleiben

Eine Traumlösung ist das nicht. Aber die beiden sind auch nicht in einem Traum, sondern in einer Beziehung. In Beziehung zu bleiben erfordert es, immer wieder schwierige Lagen und unerwartete Herausforderungen zu bewältigen. Wer dazu nicht bereit ist, sollte sich keine Beziehung antun.

Fried und Hanna ist es gelungen, in Beziehung zu bleiben, obwohl äußere Umstände ihnen das erschwerten. Die Regelung war vorläufig und ließ eine Menge offen. Fried konnte nicht verstehen, wie man so viele Schulden macht, Hanna konnte nicht verstehen, wieso man sich deshalb so große Sorgen machen muss. Der Konflikt wurde nicht gelöst, die Schulden sind immer noch da und stehen, wenn es um Urlaub oder Ausgaben geht, zwischen den beiden. Wie eine dauerhafte Lösung aussehen könnte und was für Komplikationen sie entstehen lässt, bleibt vage. Aber damit die Beziehung weitergehen kann, ist genau das wichtig: dass Dinge vage bleiben dürfen. Fried stand kurz davor, sich von Voraussagen leiten zu lassen, genauer gesagt von Befürchtungen. Aber nicht immer sind Unterschiede lösbar, und man kann auch nicht alles verstehen, manches bleibt offen und vage. Einer Beziehung muss das nicht unbedingt im Weg stehen.

Wenn es gut geht, erklären sich die potenziellen Partner irgendwann zu einem Paar. Damit können die schönen Verbindungen erhalten bleiben, und die Liebe kann sich entfalten. Die Werkzeuge Neugier, Staunen und Wundern gehören dennoch nicht in den Abstellraum, man sollte sie griffbereit deponieren. Denn Beziehungen haben mächtige Gegner: nämlich die Partner selbst. Auch in erklärten Beziehungen kommt es darauf an, sich nicht auf dem Erreichten auszuruhen, sondern in Beziehung zu sein und zu bleiben. Und dabei hilft die intelligente Dummheit.

DIE KUNST, EIN PARTNER ZU WERDEN

WENN EINE BEZIEHUNG ANGEFANGEN HAT

Sie haben sich auf eine Beziehung eingelassen, und scheinen am
Ziel angekommen zu sein. Oftmals fühlt es sich auch so an: Partner,
die lange suchen, sprechen von der Sehnsucht »endlich anzukom-
men« und dann vom Glück »angekommen zu sein«. Aber wo sind
Sie tatsächlich angekommen? An einem Ziel, einem Endpunkt?
Eher ist es wohl ein anderer Weg. Mag sein, dass auf diesem neuen
Weg die Sonne öfter scheint, aber auch dort gibt es schattige Passa-
gen und Fallgruben, kurzum: weitere Herausforderungen.

Man geht jetzt nicht mehr allein, sondern vielleicht Hand in
Hand oder Arm in Arm. Das heißt auch: Partner sind nicht mehr
frei. Sie sind in Beziehung. Sie sind gebunden. Aber sie wollen
sich dennoch frei fühlen. Wie soll das gehen? Dieser Widerspruch
ist unlösbar, aber unproblematisch, solange man dem, was in der
Beziehung geschieht, nur zustimmt. Doch das wird nur gelingen,
wenn man nicht nur auf den Partner Rücksicht nimmt, sondern
ebenso auf sich selbst. Zugespitzt kann man es so formulieren: Eine
Beziehung findet zwischen zwei Egoisten statt und nicht zwischen
zwei Altruisten. Anders ausgedrückt heißt das, um zusammen zu
kommen, müssen die Partner getrennt sein, um sich zu verbinden,
muss Abstand zwischen ihnen sein, so wie es zwischen zwei Individuen üblich ist.

Vorsicht bei Harmonie und Kompromissen!

Daher kann man die Idee von der dauerhaft harmonischen, kon-
fliktfreien Beziehung getrost vergessen. Ich empfehle das übrigens
wärmstens, denn ich habe in der Beratung immer wieder Paare vor
mir sitzen, die in die Harmoniefalle geraten und Kompromissen auf
den Leim gegangen sind.

Wenn eine Beziehung **angefangen hat**

Partner, die unter Harmoniezwang stehen, sind bereit, sich selbst eine Menge zuzumuten. Um des lieben Friedens willen, damit sie ihre Ruhe haben, damit es keinen Streit gibt. Und genau dadurch beschädigen sie ungewollt die Beziehung, denn der Teil ihrer Persönlichkeit, der unterdrückt wird, nagt am Wohlbefinden und stört die Beziehung. Schließlich hört niemand auf, ein Individuum zu sein, nur weil er eine Beziehung eingeht und einen anderen Menschen liebt. Genau genommen lebt eine Beziehung zu weiten Teilen – vor allem im Bereich der leidenschaftlich-emotionalen Liebe – von der Unterschiedlichkeit der Partner. Und gleichzeitig stellt diese Unterschiedlichkeit eine Gefahr für die Beziehung dar, denn sie bedeutet ja: Wir haben verschiedene Meinungen, verschiedene Bedürfnisse, verschiedene Pläne, verschiedene Vorlieben und Abneigungen, verschiedene Gewohnheiten. Wir sind zwei verschiedene Menschen.

Auseinandersetzungen nicht ausweichen

»Harmoniker« tendieren dazu, diesen Unterschieden auszuweichen und sie in Kompromissen auflösen zu wollen. Aber auch das ist eine Spielart davon, nicht in Beziehung zu sein. Harmoniker sind nämlich kein echtes Gegenüber. Sie sind nicht greifbar, man kann sich nicht an ihnen reiben. Sie vermeiden zwar den Fehler, sich um jeden Preis gegen den Partner durchsetzen zu wollen, machen aber einen anderen Fehler, indem sie Auseinandersetzungen ausweichen.

Konrad und Angelika haben unterschiedliche Hobbys. Er taucht besonders gern, während sie gern Snowboard fährt. Dementsprechend will er im Sommer ans Meer, während sie im Winter in die Berge möchte. Beide können sich nicht vorstellen, den Urlaub allein zu verbringen, weshalb jeder versucht, den anderen zu

DIE KUNST, EIN PARTNER ZU WERDEN

überreden. Schließlich einigen sie sich darauf, dass einmal der eine und im darauffolgenden Jahr der andere nachgibt und dem Partner zuliebe auf sein Hobby verzichtet.

Doch glücklich ist keiner von beiden mit dem Kompromiss. Sie sind sich dadurch auch nicht nähergekommen, ganz im Gegenteil. Unterschwellig haben sie sich voneinander entfernt, denn sie haben eine Situation geschaffen, mit der keiner recht glücklich sein kann. Am Meer bekommt Konrad ein schlechtes Gewissen, weil er Angelika leiden sieht, und umgekehrt bekommt sie ein schlechtes Gewissen in den Bergen, wenn sie ihn gute Miene zu bösem Spiel machen sieht. Sie stellen ihre Regelung infrage und suchen nach einer besseren Lösung.

Die Lösung des Problems zeigt sich im schlechten Gewissen. Könnte das schlechte Gewissen sprechen, würde es nämlich sagen: »Ich möchte nicht, dass du leidest, ich möchte, dass du glücklich bist.« Die Antwort eines jeden Partners darauf würde lauten: »Dann verlange nichts von mir, das mich leiden lässt. Verlange keinen solchen Kompromiss von mir und lass uns getrennt in Urlaub fahren!«

Was haben Konrad und Angelika falsch gemacht? Sie haben es verpasst, einander zu offenbaren, stattdessen haben sie eine halbherzige Regelung ausgehandelt. Über Gefühle lässt sich aber nicht verhandeln. Was den einen und was den anderen glücklich macht – das kann nicht Gegenstand von Diskussionen sein und nicht in Verträgen und deren Klauseln unterkommen. Lediglich wie man damit umgeht, kann man aushandeln. Wer aber Gefühle behandelt wie Dinge ist nicht in Beziehung zueinander, denn das erfordert, das Empfinden beider Partner zu berücksichtigen. Das geschieht hier erst im Nachhinein, als sie erkennen, wie wichtig dessen Hobby für ihn ist, und machen den Schritt hin zu Bezogenheit.

Wenn eine Beziehung **angefangen hat**

Hätten sich die beiden, statt zu verhandeln, Zeit genommen und einander offenbart, hätten sie zwar Missstimmungen und Auseinandersetzungen riskiert. Aber sie hätten dabei um eine Lösung gerungen, die jedem einzelnen gerecht wird, und es wäre kein Kompromiss nötig gewesen. Das Beispiel zeigt: Der Ruf des Kompromisses ist sehr viel besser als seine Auswirkungen.

Liebe ist nicht verhandelbar

Der verbreiteten Kompromissbereitschaft in Beziehungen liegt ein Irrtum zugrunde. Dieser Irrtum besteht darin, Liebe und Partnerschaft miteinander gleichzusetzen. Die beiden Bindungsformen folgen aber unterschiedlichen Logiken. Die Liebe ist gefühlsbestimmt. Deshalb kann man über Liebesdinge nicht verhandeln. Man kann sich schwer vorstellen, einen Kompromiss auszuhandeln, in dem der eine Partner beispielsweise dienstags für Begehren zu sorgen hat, während der andere die Aufgabe übernimmt, sonntags für Entspannung und Harmonie zu sorgen. Das ist Quatsch, so etwas geht nicht. Und weil Liebesdinge nicht verhandelbar sind, kann man sie auch nicht in Kompromisse einbinden. Wer die Wäsche macht und wer die Kinder zur Schule bringt, das kann man aushandeln, aber das hat nichts mit Liebe zu tun, sondern mit Partnerschaft und den darin übernommenen Pflichten.

Liebe und Gefühle sind zwar nicht verhandelbar, aber trotzdem nicht unveränderbar. Stellen wir uns beispielsweise vor, Konrad hätte Krebs und nur noch einige Jahre zu leben. Dann würde Angelika sicherlich gern mit ihm ans Meer fahren – und auf ihren Bergurlaub verzichten. In dem Fall würde sie aber ein Opfer bringen und keinen Vertrag schließen. Dieses Verhalten passt zur Liebe, es entspricht ihr. Die Liebe schenkt, sie schenkt gern, sie opfert, und sie opfert gern. Aber die Opfer der Liebe werden nicht gefordert,

DIE KUNST, EIN PARTNER ZU WERDEN

sondern dem Partner gebracht. Und ein Opfer, das nicht gern gebracht wird, ist es nicht wert, angenommen zu werden.

Von Herzen schenken

Die offene Frage, vor der Partner im Falle unterschiedlicher Bedürfnisse oder Pläne stehen, lautet demnach: Kann ich den Partner dazu bringen, mir entgegenzukommen? Kann ich ihn dazu bringen, mir ein Geschenk zu machen, und das auch noch gern? Die beste Möglichkeit, die ich kenne, besteht darin, sich dem Partner zu offenbaren. Das kann etwas sehr Unterschiedliches bedeuten. Es kann heißen, von seinen Sehnsüchten und Wunschträumen zu erzählen, Einblick in die eigene Gefühlswelt zu geben, in seine Ängste und Zustände. Es kann heißen, Grenzen, die man nicht überschreiten will, zu verdeutlichen, Motive zu erläutern und deren Entstehungsgeschichten zu erzählen. All das kann nichts erzwingen, aber es kann beim Gegenüber etwas **auslösen**, beispielsweise ein Entgegenkommen oder die Bereitschaft, ein Geschenk zu machen.

Dauerhaft suchende Singles wollen etwas erzwingen, eine Passung, eine Beziehung; und das geht gründlich daneben. Und auch **in** einer Beziehung lässt sich nichts erzwingen. Bei dem Versuch kommen fragwürdige Kompromisse heraus, und die Partner provozieren damit Unglück oder Machtkämpfe. Liebe kann nicht erzwungen, sondern nur ausgelöst werden – indem sich die Partner einander zeigen.

Selbstoffenbarung als Beziehungsauslöser

Wenn sich beide Partner offenbaren, sind die Chancen am größten, dass jeder in der Beziehung unterkommt und sich gern darin aufhält. Denn dann kann jeder die Beziehung haben und gleichzeitig das Gefühl bewahren, ein Individuum zu bleiben.

Wenn eine Beziehung **angefangen hat**

Die Antwort auf die Frage, was man tun kann, um eine Beziehung zu erhalten, lautet also: Bleibe in Beziehung! Beziehe dich auf die Gedanken-, Gefühls- und Vorstellungswelt deines Partners und sorge dafür, dass er an deiner Gedanken-, Gefühls- und Vorstellungswelt teilhat. Öffne dich ihm!

Das ist aber gar nicht so einfach und geht natürlich selten reibungslos ab. Außerdem kann man nur offenbaren, was man von sich weiß. Wenn ich aber lediglich weiß, dass ich ärgerlich auf den Partner bin, kann ich ihm die hinter dem Ärger mit Sicherheit verborgenen Bedürfnisse nicht mitteilen. Für solche Fälle hat der Herrgott den Streit erfunden.

Streit als Mittel der Selbstoffenbarung

Streit bietet die Möglichkeit, unklare Verhältnisse zu klären. Das tut er aber nur, wenn er nicht dem Ziel dient, den anderen zu besiegen und sich auf jeden Fall gegen ihn durchzusetzen. Solche Siege erweisen sich an anderer Stelle als Bumerang. Beim anderen entstehen negative Gefühle, man agiert, als wäre der andere ein »Gegner«. Streit klärt dann eine Situation, wenn er auf dem Hintergrund der Vermutung abläuft, dass die Partner sich etwas mitteilen wollen, aber nicht wissen, was das ist oder wie das geschehen kann. In einem Internetforum fand ich folgende Frage eines Mannes:

»Meine Freundin lässt mich immer alles bezahlen. Ich verdiene zwar viel mehr als sie und finde das grundsätzlich auch in Ordnung, aber sie bezahlt nie etwas. Sie nimmt nicht mal mehr ihre Geldbörse mit, wenn wir ausgehen. Wenn ich sage, sie könne ja auch mal was bezahlen, und wenn es nur eine Kleinigkeit wäre, gibt es Streit, und ich höre dann Sprüche wie ‚Wenn ich dir zu teuer bin, dann such dir doch eine Billigere.‘«

DIE KUNST, EIN PARTNER ZU WERDEN

Es gab im Forum zahlreiche Tipps und Meinungen dazu, wie der Mann damit umgehen solle. Aber jeder Ratschlag ging an der Sache vorbei. Das eigentliche Thema ist nicht das Geld, sondern es geht um Gefühle. Im Grunde schreibt der Mann:»Ich habe den Eindruck, meine Freundin nutzt mich aus.« Ihre Reaktion und vor allem die flapsige Bemerkung ‚Wenn ich dir zu teuer bin, dann such dir eine Billigere‘ bestärkt mich in diesem Eindruck. Ich möchte aber nicht in einer Beziehung leben, in der ich mich von der Partnerin ausgenutzt fühle.«

„Ich will mit dir streiten"

Was soll man dem Mann guten Gewissens empfehlen? Er soll sich offenbaren – aber offensichtlich mag seine Partnerin nichts hören. Meine Empfehlung lautet daher: Streite dich, aber breche keinen Streit vom Zaun. Das sähe dann etwa so aus: Der Mann sagt seiner Freundin:»Ich will mich mit dir über das Thema Geld streiten.« Sie lehnt das erst ab, sieht das Thema Geld nicht als Problem. Er aber beharrt darauf. Nach einigen Tagen und nachdem er seinen Fehdehandschuh zum dritten Mal geworfen hat, geht sie darauf ein und hört zu. Jetzt offenbart er sich und sagt, wie er sich fühlt, nämlich ausgenutzt. Was immer sie jetzt sagt, überprüft er daraufhin, ob es sein Gefühl verändert. Sätze wie»Du brauchst dich doch nicht ausgenutzt zu fühlen« oder»Das ist doch albern« oder»Du bist ein Geizkragen« ändern an seinem Gefühl nichts. Erst eine Frage wie beispielsweise»Wodurch entsteht das Gefühl, und was würde es verändern?« oder die Aussage»Ich sehe, dass du ein Problem hast« bringt Bewegung in die Sache. Denn mit solch einer Frage geht sie auf seine Gefühle ein.

Streit lädt eine Situation auf und erzwingt so Aufmerksamkeit. Er nutzt aber nichts, wenn es nur um das sogenannte»Thema«, in dem Fall das Thema Geld, geht. Streit nutzt nur, wenn die Partner die Kurve vom Thema zu den dahinterliegenden Gefühlen bekommen, denn die Gefühle des Partners können etwas auslösen.

Paare sollten ihre Beziehung nicht unter ein Harmoniediktat stellen, weil sie damit individuelle Gefühlslagen ignorieren. Sie sollten stattdessen Streit für sinnvoll halten. Fruchtbar wird ein Streit meist aber nur, wenn er von beiden Seiten aufgegriffen wird und sich beide darauf einigen: »Wir sollten uns streiten« oder »Gut, streiten wir uns!« Bei unwillkürlich und unkontrolliert ausgetragenem Streit ist das Risiko groß, dass er aus dem Ruder gerät und zu unnötigen Verletzungen führt.

Verletzungen gehören dazu

Dies führt zu einer weiteren Empfehlung an frische Paare, die lautet: Geben Sie die Vorstellung auf, den Partner nicht verletzen zu wollen. Verletzungen sind in Beziehungen unvermeidlich. Das Thema wird ähnlich wie die Sünde betrachtet. Es ist etwas, das eigentlich nicht passieren sollte, aber dennoch ständig passiert; und wer seinen Partner verletzt, der macht sich schuldig. Dann bekommt er ein schlechtes Gewissen, unterwirft sich oder kämpft gegen den Partner an. Nichts von alledem ist von großem Nutzen.

Schauen wir uns an, was bei einer Verletzung passiert: Fred hat zwei Kinokarten besorgt. Seine Freundin ist empört, dass er sie nicht gefragt hat, in welchen Film sie gehen möchte. Fred ist verletzt und hält ihr das vor. Er ist verletzt, weil seine Erwartung eine andere war als die Reaktion seiner Freundin. So ist es bei Verletzungen immer. Man kann nur verletzt sein, wenn man etwas anderes erwartet hat, als das, was passiert ist. Insofern braucht man kein großes Brimborium um Verletzungen zu machen und kann sie getrost aus der Ecke »darf nicht passieren« herausholen. Ungeachtet dessen

DIE KUNST, EIN PARTNER ZU WERDEN

sollte man sie ernst nehmen und nach den Erwartungen forschen, gegen die verstoßen wurde.

Die Lage erforschen

Fred kann sagen:»Ich dachte, du würdest dich freuen« oder »Schade, ich dachte, ich hätte deinen Geschmack erraten« – und dann wären seine Erwartungen deutlich, und die beiden könnten darüber sprechen, wieso er das dachte. Vielleicht hat sie mal die Bemerkung gemacht »Fred lädt mich nie ins Kino ein« und dann wäre klar, wann seine Erwartung entstanden ist, und dass er seine Verbundenheit mit ihr ausdrücken wollte. Und schon tut es aufgrund dieser neuen Information nicht mehr weh.

Auch im Falle von Verletzungen gilt also die grundsätzliche Herausforderung: in Beziehung bleiben und die Lage erforschen. Aber auch das kann ein hoher Anspruch sein, vor allem, wenn eine Entwicklung längere Zeit unterhalb der Bewusstseinsschwelle verlaufen ist, wenn sich Streit verfestigt hat und wenn Aussprachen nichts ergeben. Dann ist keiner der Partner bereit, die Jacke aufzuknüpfen und sich zu offenbaren, und jeder wartet darauf, dass der andere sich als Erster offenbart. Da beide verschlossen bleiben, kann nichts Auslösendes mitgeteilt werden, die Partner stecken fest. Dann ist es Zeit, über die Figuren zu sprechen, die da aneinandergeraten.

Wenn der Haussegen schief hängt

Partner, die sich eine Zeit lang in Beziehungen aufhalten, kennen diese Situation. Man hat sich ineinander verbissen, ineinander verknotet und hängt fest. Was tun? Die Wortbilder »ineinander verbeißen« oder »verknoten« geben hierzu Hinweise. Wenn zwei ihre Lage so schildern, fehlt ihnen Abstand, und das in doppelter Hinsicht. Ihnen fehlt der Abstand zu sich selbst und der zum Part-

*Wenn eine Beziehung **angefangen hat***

ner. Dieser muss nun hergestellt werden, damit neue Informationen auftauchen können und Bewegung in die Sache kommt.

Zuschauer sein

Gregor und Linda befinden sich in solche einer Lage, sie stecken fest. Deshalb haben sie von mir die Aufgabe bekommen, über sich und ihre Lage in der dritten Person zu sprechen. Die Formulierungen »Ich« und »Du« sind damit tabu, und es ist nicht erlaubt, sie zu benutzen. Erlaubt sind nur Formulierungen wie »der Mann« und »die Frau«. Diese Aufgabe zwingt die Partner dazu, sich so zu beschreiben, als würden sie auf einer Bühne auftreten, und sie selbst säßen im Publikum und schauten den beiden Akteuren zu. Auf diese Weise schaut man den Handelnden wie Fremden zu, deren Verhalten man sieht, über deren Gedanken, Gefühle und Motive man aber nur Vermutungen anstellen kann. Schließlich kennt man »die beiden« nicht, und genau hierin liegt der Schlüssel. Gregor und Linda glauben nämlich irrigerweise, sich zu kennen, ordnen sich deshalb sofort in Schubladen ein und reagieren damit auf sich selbst und nicht auf den anderen.

Nach einigen Minuten gelingt es Gregor und Linda, sich »über« die beiden zu unterhalten, sie geraten also in eine Metakommunikation. Es ist erstaunlich, welche Informationen nun zutage treten. Beispielsweise sagt Gregor über den Mann auf der Bühne: »Ich glaube, der ist verletzt« – woraufhin Linda erwidert: »Meinst du? Der wirkt aber aggressiv und nicht verletzt. Was könnte ihn verletzt haben?« Linda wiederum sagt über die Frau: »Die hat Angst vor ihm«, was Gregor verwundert, weil sie »absolut cool rüberkommt, als ob er sie nicht interessiert«. Und schon sind die beiden in einem fruchtbaren Austausch gelandet. Nach 15 Minuten Metakommunikation ist viel Neues aufgetaucht. Dinge, die man nicht sah, die man

187

so nicht sah oder die man anders verstanden hat. Und das eröffnet gute Möglichkeiten, in Beziehung zu bleiben.

Der Trick bei dieser kleinen, aber hoch wirksamen Aufgabe besteht darin, sich selbst und dem Partner ein Fremder zu sein. Man spricht über sich, als wäre man nicht Ich, und dann sagt man Dinge, die man nicht sagen würde, solange man sich mit dem »Ich« identifiziert. Der Partner tut das Gleiche. Die neu auftauchenden Informationen lösen dann ein verändertes Verhalten aus. Ich lege Ihnen diese kleine Übung sehr ans Herz, wenn Sie in der Beziehung den Überblick verloren und sich ineinander verknotet haben.

Sympathiephase
- Das leitende Motto der Sympathiephase lautet: Schauen wir mal …, wie wir in ziellosen Begegnungen aufeinander reagieren.
- Ein Single sollte bei diesen Begegnungen nur zwei Dinge erwarten: einander zu verstehen und gern zusammen zu sein.
- Er sollte für eine gute Begegnung sorgen, die diese Minimalanforderungen erfüllt. Dazu stehen ihm einfache und effektive Möglichkeiten zur Verfügung:
- Er führt Fünf-Minuten- bis Ein-Tages-Begegnungen.
- Er übt, auch in enttäuschenden Begegnungen neugierig und ehrlich zu bleiben.
- Er zeigt Interesse und erzeugt so den Eindruck des Verstehens.
- Er erkennt den Partner an und sorgt außerdem dafür, vom anderen auch selbst anerkannt zu werden.

Wenn eine Beziehung **angefangen hat**

○ Er tauscht sich über negative oder irritierende Eindrücke aus und rückt diese gegebenenfalls gerade.

Kontaktphase

○ Suchende Single sollen im Kontakt für interessante Erfahrungen sorgen – mehr muss aus einer Begegnung nicht werden.

○ Sie sollen es sich im Kontakt gestatten, Dinge merkwürdig zu finden und offen darüber zu staunen.

○ Darüber hinaus sollen sie den Sinn und die Bedeutung von Rätseln erforschen.

○ Suchende Singles sollen sich auf Begegnungen vorbereiten und danach ein Resümee ziehen.

Anbahnungsphase

○ Entscheiden Sie sich, die Dinge geschehen zu lassen. Entscheiden Sie sich erst dann für eine Beziehung, wenn das bereits entschieden ist.

○ Überprüfen Sie Ihre eigenen Deutungen.

○ Überprüfen Sie, was verstanden wurde.

○ Offenbaren Sie sich und verleiten Sie den anderen damit dazu, sich zu offenbaren.

○ Tauschen Sie sich zwang- und ziellos aus.

Wenn eine Beziehung angefangen hat

○ Stellen Sie sich nicht unter Kompromiss- und Harmoniezwang.

○ Zeigen Sie sich, damit Sie als Sie selbst geliebt werden können.

○ Sehen Sie Streit als Möglichkeit, Informationen zu gewinnen.

○ Bleiben Sie neugierig und »dumm«, auch wenn Sie glauben, den Partner längst zu kennen.

NACHWORT

Lassen Sie mich zum Schluss noch einmal eine knappe Zusammenfassung geben, wie suchende Singles zu Partnern werden können.

o Dauerhaft suchende Singles sind Meister im Aussortieren. Sie schaffen es spielend, entweder beim anderen Abneigung auszulösen, oder bei ihm unliebsame Merkmale zu finden.

o Die beste Strategie, Abneigung auszulösen, besteht darin, das eigene Ego direkt (»Bestimmer«) oder indirekt (»Beschwichtiger«) in den Vordergrund zu stellen und den Partner daran zu messen, wie schnell er die eigenen Erwartungen erfüllt.

o Dazu beruft er Schnellgerichte ein und stellt Ego-Fallen auf.

o Derart auf sich selbst zu fokussieren ist das Gegenteil von »in Beziehung sein«. Dauerhaft suchende Singles schaffen es nicht, sich auf den anderen zu beziehen.

o Die Lösung für dauerhaft suchende Singles lautet: Beziehe dich, dann ergibt sich früher oder später eine Beziehung. In Beziehung zu sein erfordert es, einander zu offenbaren, gegenseitig Einblick in die jeweilige Lage und Gefühlswelt zu nehmen und zu gewähren – und dadurch Zuneigung und Liebe auszulösen.

o Die größte Chance dauerhaft suchender Singles liegt in der Neugier und richtig verstandener »intelligenter Dummheit«. Es geht darum, den Partner nicht zu kennen und nicht zu wissen, was sein Verhalten und seine Reaktionen bedeuten.

o Es geht darum, als Single schon der Mensch zu sein, als den man sich am Ziel seiner Träume sieht: ein bezogener Mensch.

Auf Ihrem Weg vom Single zum Partner wünsche ich Ihnen viele anregende Begegnungen!

Ihr Michael Mary

ZUM NACHSCHLAGEN

Links und Verweise:

(Seite 33) Das Interview von Gitte finden Sie bei youtube (dort: Steffi) unter folgendem Link: http://youtube.com/watch?v=9nJsua-zBkM

(Seite 36) Das Video dieser Singleberatung finden Sie auf http://coachingtv.net unter der Rubrik Singles mit dem Titel »Warum finde ich keinen Partner?«

(Seite 45) Das Video dieser Singleberatung finden Sie auf coachingtv.net unter der Rubrik Singles mit dem Titel »Warum lässt sich keiner auf mich ein?«

Über den Autor erfahren Sie mehr auf dessen Homepage http://michaelmary.de

Einige Bücher von Michael Mary:
- Lebt die Liebe, die ihr habt (Rowohlt)
- Wie Männer und Frauen die Liebe erleben (Nordholt)
- Das Leben lässt fragen, wo du bleibst (Lübbe)

Empfehlenswerte Literatur:

Matschnig, Monika: Körpersprache der Liebe (Gräfe und Unzer Verlag, München)

Schneider, Maren: Buddhas Anleitung für eine glückliche Partnerschaft (Gräfe und Unzer Verlag, München)

Zurhorst, Eva-Maria und Wolfram: Beziehungsglück (Gräfe und Unzer Verlag, München)

IMPRESSUM

Die Beiträge in diesem Buch sind sorgfältig recherchiert und entsprechen dem aktuellen Stand. Abweichungen, beispielsweise durch seit Drucklegung geänderte www-Adressen usw., sind nicht auszuschließen. Weder der Autor noch der Verlag können für eventuelle Nachteile oder Schäden, die aus den im Buch gegebenen praktischen Hinweisen resultieren, eine Haftung übernehmen.

© 2011 GRÄFE UND UNZER VERLAG GmbH, München
Alle Rechte vorbehalten. Nachdruck, auch auszugsweise, sowie Verbreitung durch Bild, Funk, Fernsehen und Internet, durch fotomechanische Wiedergabe, Tonträger und Datenverarbeitungssysteme jeder Art nur mit schriftlicher Genehmigung des Verlages.

Projektleitung: Nikola Hirmer
Lektorat: Petra Kunze
Korrektorat: Anna Singer
Umschlaggestaltung und Layout: independent Medien-Design, Horst Moser, München
Satz: Liebl Satz+Grafik, Emmering
Herstellung: Renate Hutt
Reproduktion: Repro Ludwig, Zell am See
Druck und Bindung: GGP Media GmbH, Pößneck

Bildnachweis:
Illustrationen: Alle Illustrationen in diesem Buch stammen von Nadine Schurr.
Cover: plainpicture
Syndication: www.jalag-syndication.de

ISBN 978-3-8338-2248-3

1. Auflage 2011

Die GU-Homepage finden Sie unter www.gu.de

Ein Unternehmen der
GANSKE VERLAGSGRUPPE

Unsere Garantie

Alle Informationen in diesem Ratgeber sind sorgfältig und gewissenhaft geprüft. Sollte dennoch einmal ein Fehler enthalten sein, schicken Sie uns das Buch mit dem entsprechenden Hinweis an unseren Leserservice zurück. Wir tauschen Ihnen den GU-Ratgeber gegen einen anderen zum gleichen oder ähnlichen Thema um.

Liebe Leserin und lieber Leser,

wir freuen uns, dass Sie sich für ein GU-Buch entschieden haben. Mit Ihrem Kauf setzen Sie auf die Qualität, Kompetenz und Aktualität unserer Ratgeber. Dafür sagen wir Danke! Wir wollen als führender Ratgeberverlag noch besser werden. Daher ist uns Ihre Meinung wichtig. Bitte senden Sie uns Ihre Anregungen, Ihre Kritik oder Ihr Lob zu unseren Büchern. Haben Sie Fragen oder benötigen Sie weiteren Rat zum Thema? Wir freuen uns auf Ihre Nachricht!

Wir sind für Sie da!
Montag – Donnerstag: 8.00 – 18.00 Uhr;
Freitag: 8.00 – 16.00 Uhr
Tel.: 0180-500 50 54*   *(0,14 €/Min. aus dem dt. Festnetz/
Fax: 0180-5 01 20 54*   Mobilfunkpreise maximal 0,42 €/Min.)
E-Mail:
leserservice@graefe-und-unzer.de

P.S.: Wollen Sie noch mehr Aktuelles von GU wissen, dann abonnieren Sie doch unseren kostenlosen GU-Online-Newsletter und/oder unsere kostenlosen Kundenmagazine.

GRÄFE UND UNZER VERLAG
Leserservice
Postfach 86 03 13
81630 München